La Città Meravigliosa degli Artisti Straordinari

The Wonderful City of Extraordinary Artists

Marcello Jori

La Città Meravigliosa degli Artisti Straordinari

Volume I

Con testi di
Stefano Benni e Alessandro Mendini

CHARTA

Graphic Design
Igort Pictures

Impaginazione
Leila Marzocchi, Simonetta Scala

Riproduzioni fotografiche
Davide Rizzi

Carta corografica
Silvia Pelle

Coordinamento grafico
Gabriele Nason

Coordinamento redazionale
Sabina Cortese

Traduzione del testo di Stefano Benni
Stephen Sartarelli, Hudson (Usa)

Altre traduzioni
Felicity Barbara Lutz, per Scriptum s.r.l., Roma

Ufficio stampa
Silvia Palombi Arte & Mostre, Milano

Realizzazione tecnica
Amilcare Pizzi Arti grafiche, Cinisello Balsamo, Milano

Fotolito
Zincografica Felsinea srl, Bologna

In copertina
Fuochi d'artificio sui quartieri alti in occasione delle celebrazioni del 10 agosto per la Festa dell'Appartenenza. *1996*
Le immagini da pag. 75 a pag. 88 sono tratte dai quadri di Marcello Jori ed elaborate in computer grafica da Igort Pictures

ISBN 88-8158-092-6

Edizioni Charta
via Castelvetro, 9 – 20154 Milano
tel. 39-2-33.60.13.43/6
fax 39-2-33.60.15.24

Printed in Italy

Marcello Jori

La città meravigliosa degli artisti straordinari
Siena
Palazzo Pubblico Magazzini del Sale
luglio-settembre 1996

La città è stata realizzata con il patrocinio del
Ministro alle Belle Cose Uberto Cimatti

Si ringrazia per la collaborazione

Assessorato alla Cultura
del Comune di Siena

Organizzazione

Mauro Civai
Franca Franceschi
Grazia Lippi

Collaborazione all'allestimento

Roberto Ferri
Cesare Olmastroni
Enzo Soldani

Si ringraziano per le relazioni estere

L'Ambasciatrice Benedetta Lucherini
e il Console Mita De Benedetti

Sommario/Contents

"Il corpo di un artista contiene tutte le sue opere.
Quello di Paul Klee, per esempio, ne conteneva 9.146."

"An Artist's body contains all his works.
Paul Klee's, for example, contained 9.146."

Marcello Jori

Prefazione

Omar Calabrese

"Utopia", come si sa, è una parola che è tutto un programma. La sua etimologia greca ci dice che sta in "nessun luogo": eppure l'immaginazione umana può progettarla, costruirla e persino descriverla. Di solito, si tratta di un luogo inesistente ma definito purtuttavia secondo principi geografici. *Atlantide* era per Platone un'isola, e sempre un'isola è *Utopia* per Tommaso Moro che inventò la parola. *Il Regno del Prete Gianni* era per il medioevo un grande territorio, per qualcuno prossimo alla moderna Etiopia. *Eldorado* era per i saccheggiatori spagnoli ora una regione amazzonica, ora una città andina. Il *Paradiso* – sublimazione estrema dell'utopia religiosa – era una montagna per Dante, sul modello dell'*Olimpo* greco (che però era un monte vero), mentre gli *Inferi* furono un mondo sotterraneo alle porte di Cuma per tanti poeti latini. Ma in generale è la metropoli il luogo in cui più di ogni altro si sofferma la fantasia utopica, dall'ideale *Città del Sole* di Campanella alla grande "città dei giusti", *Dichaia*, fino al più infantile e minuscolo *Paese dei Balocchi*. Perché questa configurazione urbana? Forse perché la città non è soltanto un luogo fisico, che può essere creato a piacimento dall'inventore-filosofo o dall'inventore-artista, ma è altre due fondamentali cose. Una: è un luogo costruito, artificiale, e pertanto sottoposto integralmente ai piani del suo demiurgo (l'idealità urbana è completamente dell'uomo, e non della natura, e anzi poco o tanto a questa si contrappone). L'altra: il progetto materiale della città corrisponde anche a un progetto concettuale; la suddivisione urbanistica è correlata a una suddivisione di funzioni, cioè di relazioni sociali. Insomma, la città è una forma materiale che ospita una forma immateriale, la città umana. Non a caso è dalla *polis* che nasce l'idea di *politica*, pratica dell'intersoggettività organizzata. E sempre non a caso è dalla *città* che sorge l'idea di *cittadinanza*, cioè appartenenza a una comunità sotto il profilo dei diritti e dei doveri.

Di solito, i principi dell'utopia hanno a che fare con la piena realizzazione (invece incompiuta o inesistente nella realtà) di un sistema di valori. Per Platone si tratta della struttura gerarchica dello stato che porti all'accettazione di un sistema di doveri relativo al Bene Comune. Per Fourier duemila anni dopo si tratta invece di un assetto sociale che manifesti la natura egalitaria degli individui nella collettività. Sempre, come si vede, siamo in presenza di una dominante *etica*. Altre utopie appartengono a varianti, sempre etiche, come la religione. In altri casi ancora, invece, si va verso valori più mondani: la *Carte du Tendre* descrive una mappa dei sentimenti, *Eldorado* rappresenta la manifestazione della ricchezza, la terra del Prete Gianni quella del benessere, il *Paese dei Balocchi* o quello di *Cuccagna* mirano alla felicità ludica.

Mancava – o forse non mancava esattamente, perché qualche timida proposta in tal senso esiste – un'ideale città degli artisti. Ci ha pensato Marcello Jori con una mostra davvero curiosa e anomala: una mostra di opere sue personali, ma al tempo stesso altrui, perché sono dedicate a (e concepite in collaborazione con) altri artisti, che hanno accettato di prenotare una casa nel suo immaginario paese. L'utopia ha sempre a che fare con dei valori, ma in questo caso si tratta di valori apparentemente più aleatori e volatili: quelli estetici.

È bene sottolineare, però, la parola "apparentemente". Infatti, Jori implicitamente ci avverte del fatto che la sfera della bellezza non va sottovalutata, perché è ormai divenuta (o lo è sempre stata e non ce ne accorgevamo) uno dei diritti fondamentali dell'umanità senziente e pensante. Jori prefigura così l'avvento di una "società estetica", come quella profetizzata da Majakowsky negli anni Dieci. Una società in cui vige un sistema di valori (solidarietà, dignità umana, giustizia), però visto a partire dal diritto al bello.

La mostra, in questo senso, è assai insolita. Può essere letta come un'opera unica, una grande installazione topografica. Può essere osservata come un'opera collettiva, perché aiuti o intenzioni d'artista se ne trovano in quantità. E può essere, però, anche goduta frammentariamente, come una serie di "pezzi" che rappresentano ritratti, disegni, quadri di vario genere. Buona dunque per un viaggio di scoperta, ma anche per una ricognizione da collezionista. Buona per chiunque, in altri termini, coltivi una passione per l'arte.

Una città ideale come quella di Jori ha sicuramente a che fare con quella "città reale" che chiamiamo Siena. Qui siamo abituati da secoli, come pochi altri posti al mondo possono vantare, a vivere nella cultura del bello. E oggi come mille anni orsono Siena è la meta effettiva dei cultori della bellezza, basti pensare a quanti artisti popolano attualmente le campagne attorno al capoluogo, o il capoluogo stesso, a quanti registi o fotografi scelgono i nostri ambienti per immaginarvi i loro luoghi ideali. È per questo che abbiamo volentieri ospitato, come sede di costruzione e come sede di partenza, la mostra di Marcello Jori. Per segnalare che la sua utopia, fortunatamente, potrebbe anche avere qui una sua sede definitiva. Siena come mondo possibile per i cittadini della bellezza.

Foreword

Omar Calabrese

"Utopia," we know, is a word that has a long history behind it. Its Greek etymology tells us that it is "in no place," and yet the human imagination can design it, construct it and even describe it. Usually it is a place that doesn't exist but id defined nevertheless by geographical principles. For Plato Atlantis *was an island and* Utopia *was an island for Sir Tomas More who invented the word.* The Kingdom of John the Priest *was a large territory for the Middle Ages, some think it was near modern Ethiopia. For the Spanish plunderers* Eldorado *was sometimes an Amazon region, sometimes a city in the Andes.* Paradise*—the extreme sublimation of the religious utopia—was a mountain for Dante, on the model of the Greek* Olympus *(which however was a real mountain), whereas the* Underworld *was a subterranean world at the gates of Cumae for many Latin poets. But generally the metropolis, more than any other, is the place where the utopian imagination resides, from Campanella's ideal* City of

the Sun *to the great "city of the just,"* Dichaia, *right down to the more infantile and minute* Toyland. *Why this urban configuration? Perhaps because the city is not merely a physical place, that the philosopher-inventor or artist-inventor can create as he pleases, but it is two other fundamental things. Firstly, it is an artificial, constructed place and therefore entirely subjected to the plans of its demiurge (the urban ideality is man's ideality, not nature's, and it is to a greater or lesser extent opposed to nature.) Secondly, the material design of the city also corresponds to a conceptual design; the urbanistic subdivision is correlated with a subdivision of functions, that is, of social relations. In other words, the city is a material form that hosts an immaterial form, human society. It is not merely coincidental that it is from* polis *that the idea of* politics *derives, the practise of organized intersubjectivity. And again it is not merely coincidental that from the* city *the idea of* citizenship *derives, that is, belonging to a community with respect to rights and duties.*

Usually, the principles of utopia have to do with the complete creation (which, on the contrary, is incomplete or inexistent in reality) of a system of values. For Plato it was hierarchical state structure which led to the acceptance of a system of duties related to the Common Good. By contrast, for Fourier, two thousand years later, it is a social order that shows the egalitarian nature of individuals in the community. As we can see, we are always in the presence of a dominant ethics. *Other utopias belong to ethical variants, like religion. By contrast, in other cases there are more worldly values: the* Carte du Tendre *describes a map of feelings,* Eldorado *represents the manifestation of wealth, the land of John the Priest that of prosperity,* Toyland *or the* Land of Plenty *propose ludic happiness.*

What was missing—or perhaps it wasn't really missing because some timid suggestions do exist—was an ideal city of artists.Marcello Jori has come up with the idea in this truly curious and anomalous exhibition: an exhibition of his personal of his personal works, but also the works of others, because they are dedicated to (and conceived in association with) other artists, who have agreed to book a house in his imaginary country. Utopia always has to do with values, but in this case it is values that are apparently more uncertain and transient: aesthetic values.

It is a good idea, however, to underline the word "apparently." In fact Jori warns us of the fact that the sphere of beauty is not to be underestimated, because it has become (and it always was thought we didn't realize it) one of the fundamental rights of sentient and thinking humanity. Jori thus foresees the advent of an "aesthetic society," like the one prophesied by Mayakovsky in the 1910s. A society in which a system of values (solidarity, human dignity, justice) reigns, whose starting point is the right to beauty.

In this sense the exhibition is very unusual. It can be read as a single work, a large topographical installation. It can be seen as a collective work, because many artists have contributed their help and ideas. And it can, however, also be enjoyed in fragments, as a series of "pieces" that represent various kinds of portraits, drawings and pictures. Hence it is good for making a voyage of discovery, but also for a collector's estimation. Good for anyone, in other words, who has a passion for art.

Jori's ideal city certainly has to do with that "real city" we call Siena. Here for centuries we have been living in a culture of beauty and few other places in the world can pride themselves on this. Today and for the last thousand years Siena has been the favourite haunt of those who cultivate beauty, you just have to think how many artists currently live in the environs or in the town itself and how many film-makers and photographers choose our surroundings as their ideal place. This is why we, the place of construction and starting point, have hosted Marcello Jori's exhibition. To point out that fortunately his utopia could also be definitively established here. Siena as the possible world for citizens of beauty.

Vite degli Artisti
Lives of the Artists

Marcello Jori

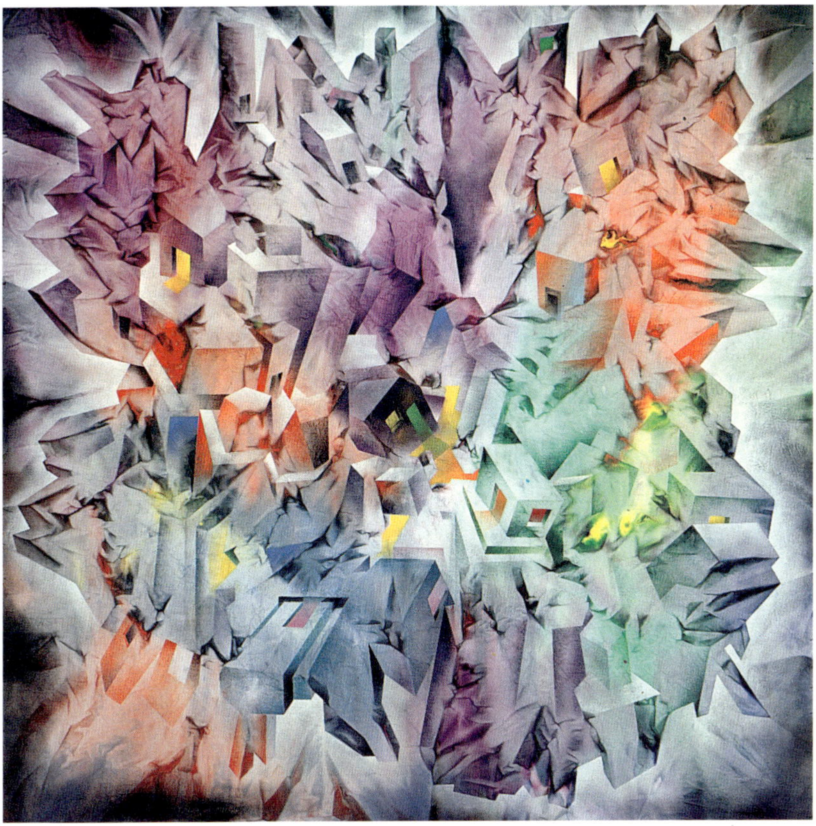

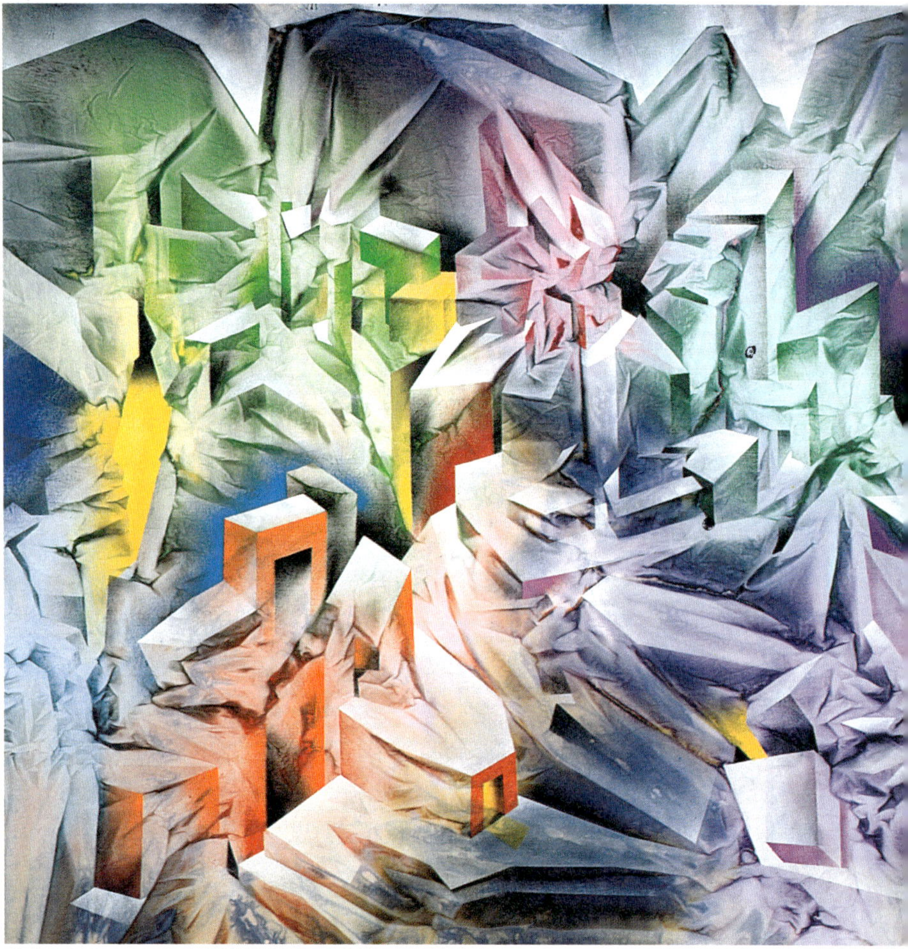

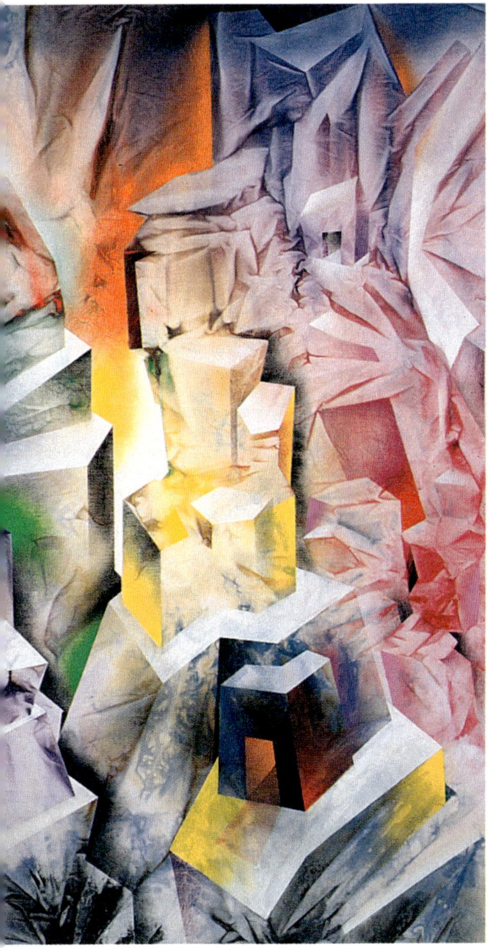

Fuochi d'artificio sui quartieri alti in occasione delle celebrazioni del 10 agosto per la Festa dell'Appartenenza.
Fireworks over the exclusive neighbourhoods during the celebrations of the *Festa dell'Appartenenza* (Feast of Belonging) on 10 August.

Sotto: particolare della Carta Corografica.
Below: a detail of the Chorographic Map.

A pagina 17: il Pianeta, immagine da satellite (36.000 metri).
Page 17: a satellite picture of the Planet (36,000 meters).

Alle pagine 20-21: le case di Giulio Paolini, Anselm Kiefer, Gherard Richter, Yasumasa Morimura, Tony Cragg and Hermann Nitsch.
Pages 20-21: the houses of Giulio Paolini, Anselm Kiefer, Gherard Richter, Yasumasa Morimura, Tony Cragg and Hermann Nitsch.

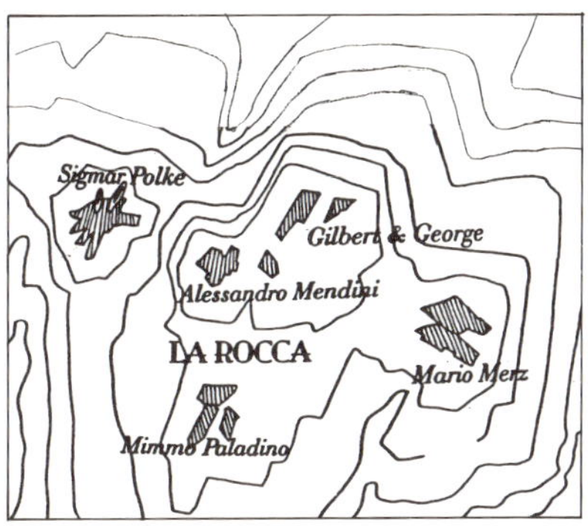

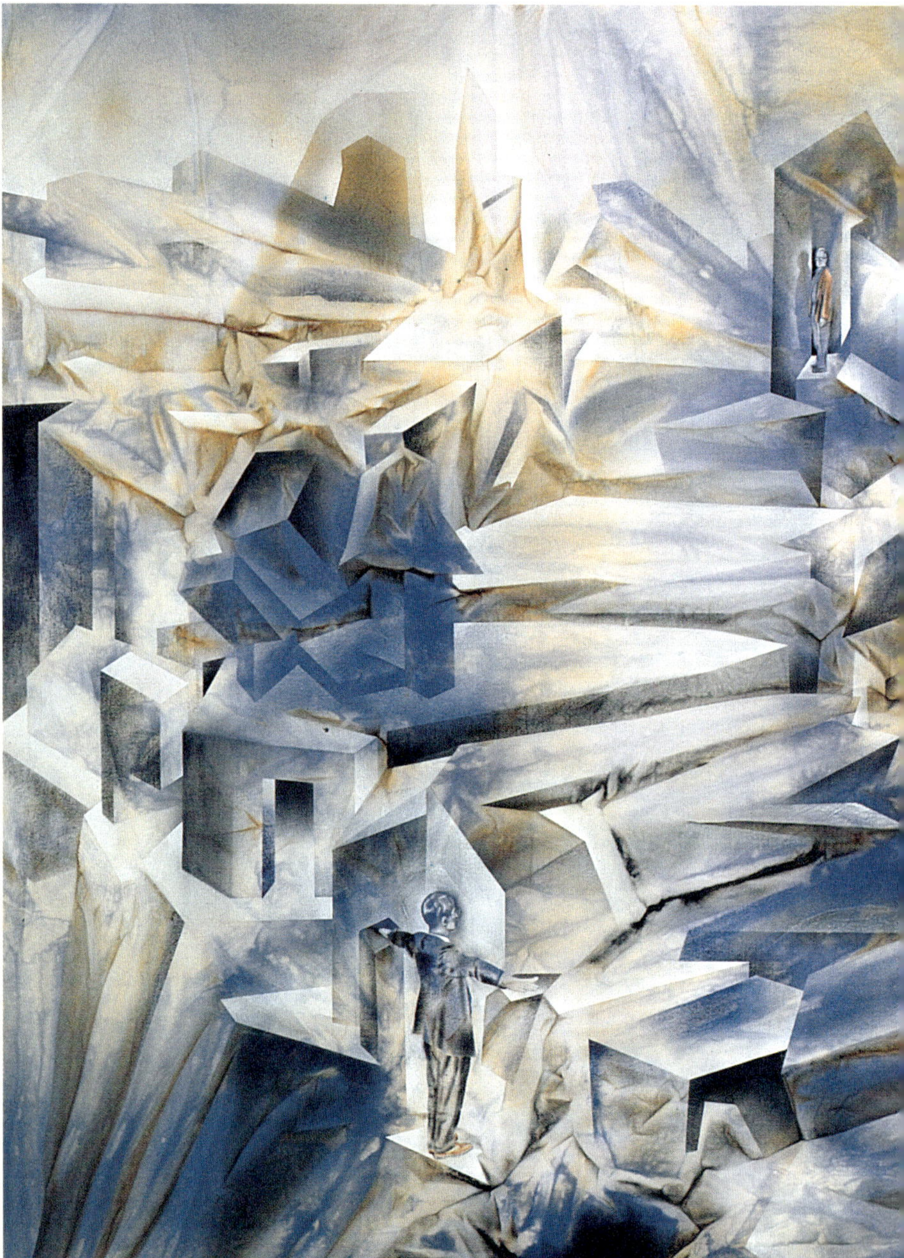

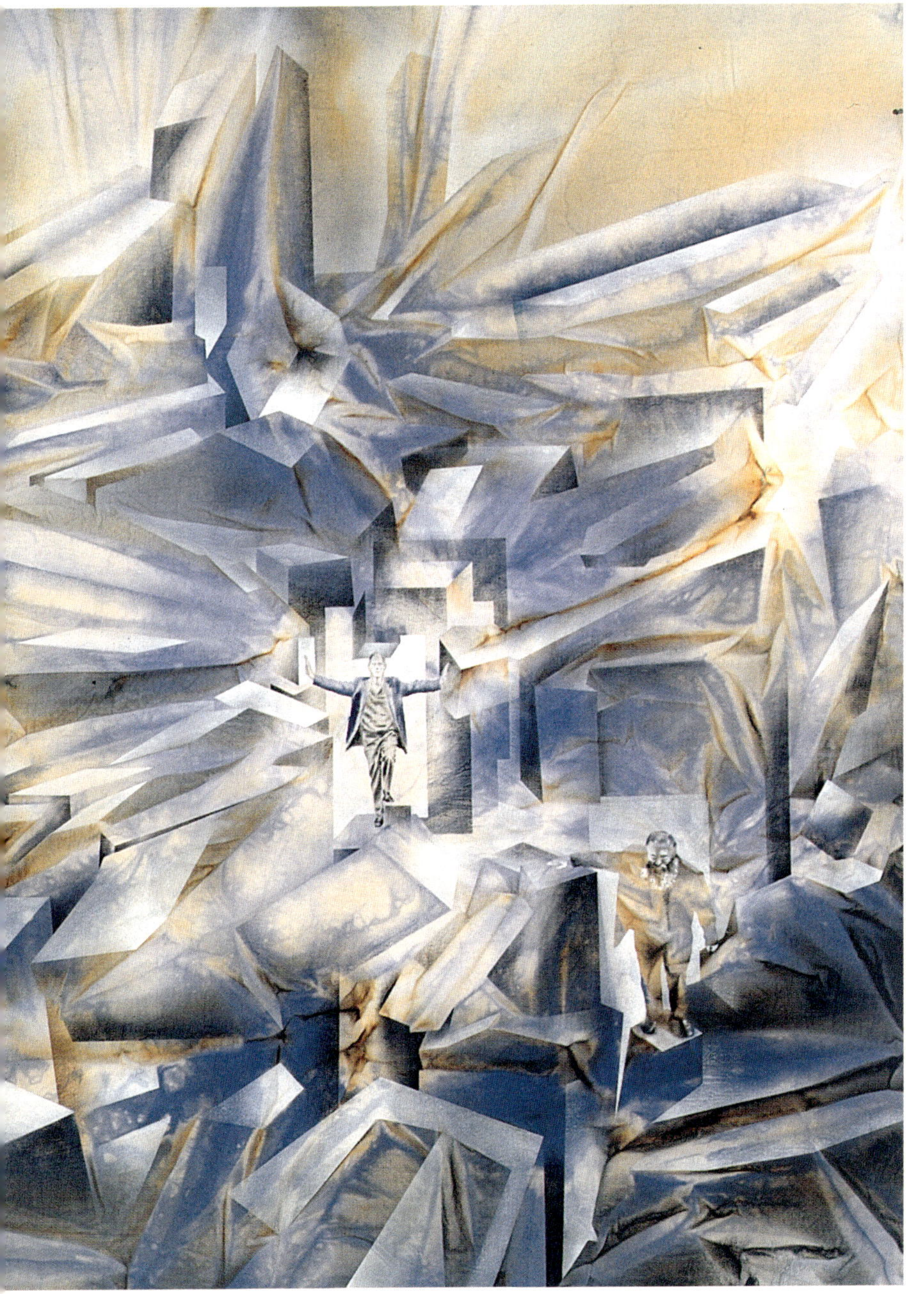

Giulio Paolini

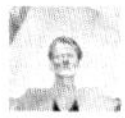

Quando lo zio Gregorio tornò dal Canada, dove era rimasto per sei anni, per prima cosa si informò sulla carriera intrapresa dal suo nipote preferito Giulio, sempre che avesse trovato un lavoro.

Quando gli risposero che faceva l'artista, il sorriso partito per diventare una risata si deformò in una smorfia di imbarazzo.

"Come sarebbe a dire l'artista? Il nostro Giulio un artista?!"

Infatti, tutta la famiglia se lo figurava da sempre destinato ai banchi di un tribunale, avvocato di grido, distinto e tagliente.

Qualcuno addirittura fantasticava per lui una fulminante ascesa nella gerarchia ecclesiastica che l'avrebbe ben presto portato a calpestare discretamente le stanze vaticane, fino a sfiorare, come prezioso confidente, nientemeno che l'orecchio papale.

Per questo, quando con malcelata delusione apprese che Giulio faceva l'artista, pensò di avere capito male e aggiunse: "Vuoi dire che fa il professore di storia dell'arte?", "Ti dico che fa l'artista!" ribatté la sorella, lasciandolo definitivamente con un palmo di naso.

Fece finta di niente, per non drammatizzare ulteriormente quella che in casa Paolini era vissuta come una disgrazia, un'occasione perduta.

Quando però, con il passare degli anni si accorsero che adempiva diligentemente ai suoi misteriosi doveri con rigore di stampo anglosassone, disciplinando l'anomalia del suo pensiero con regola e sapienza professorale, si rianimarono.

Infatti, quel figliolo, aveva portato nell'arte atteggiamenti altamente dignitosi, tipici di altre professioni e settori che scatenavano dovunque il rispetto delle classi più colte.

Un giorno, un vecchio amico d'infanzia, compagno di studi classici e famoso cattolico militante, invitato ad una sua mostra disse: "Riesce sempre a farmi sentire magnificamente ignorante, mi fa lo stesso effetto che fanno i cardinali sui fedeli in visita al Vaticano".

Oggi, tutti in famiglia ne sono orgogliosi, solo la nonna non si è mai completamente pacificata. Fino all'ultimo giorno della sua nobile vita ripeteva: "Sarebbe stato perfetto, il mio Giulio, peccato che ci fosse una crepa nel suo pensiero".

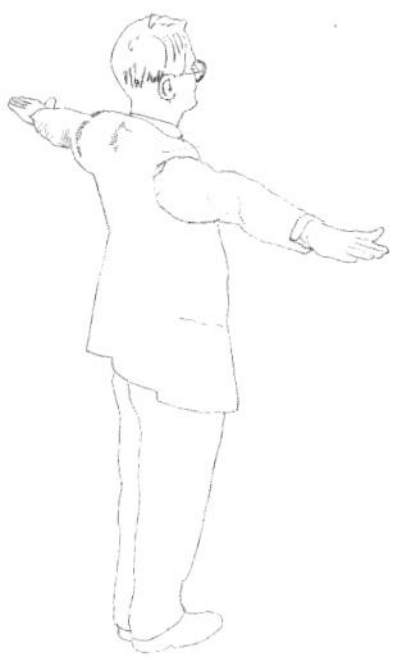

When Uncle Gregorio came back from Canada, where he had spent six years, the first thing he did was to ask about the career chosen by his favourite nephew, Giulio, – assuming that he had found a job, that is.

When they told him that Giulio was an artist, the smile that was meant to turn into laughter twisted into an embarrassed grin.

"What do you mean, an artist?!"

The whole family, in fact, had always seen him as destined for the law courts, a smart, distinguished lawyer.

Some of them even imagined a rapid rise up the ecclesiastical ladder, until very soon he would be treading the hallowed floors of the Vatican, even brushing the papal ear as a trusted confidant.

Thus, when Uncle Gregorio learnt that Giulio was an artist, he barely concealed his disappointment. He hoped and added: "You mean he's a history of art professor?"

"I'm telling you, he's an artist!" replied his sister, leaving him no chance to recover from his disappointment.

He said nothing, in order not to further aggravate what was seen in the Paolini family as a tragedy; a lost opportunity.

However, when they realized as the years passed that Giulio was carrying out his mysterious duties with diligence and Anglo-Saxon rigour, bringing the discipline of professorial wisdom to his thoughts, their spirits revived.

The young Paolini, in fact, had brought to art highly dignified attitudes typical of other professions that win the respect of highly cultivated people.

One day, a childhood friend and fellow student of the classics, now a famous Catholic luminary, said on visiting one of Paolini's exhibitions: "He manages to make me feel wonderfully ignorant. He has the same effect on me that cardinals have on the faithful visiting the Vatican."

Only now, the whole family is proud of him, and his grandmother never completely resigned herself to his career. Right up to the last day of her noble life, she would repeat: "He could have been perfect, my Giulio. It's a pity his mind was flawed!"

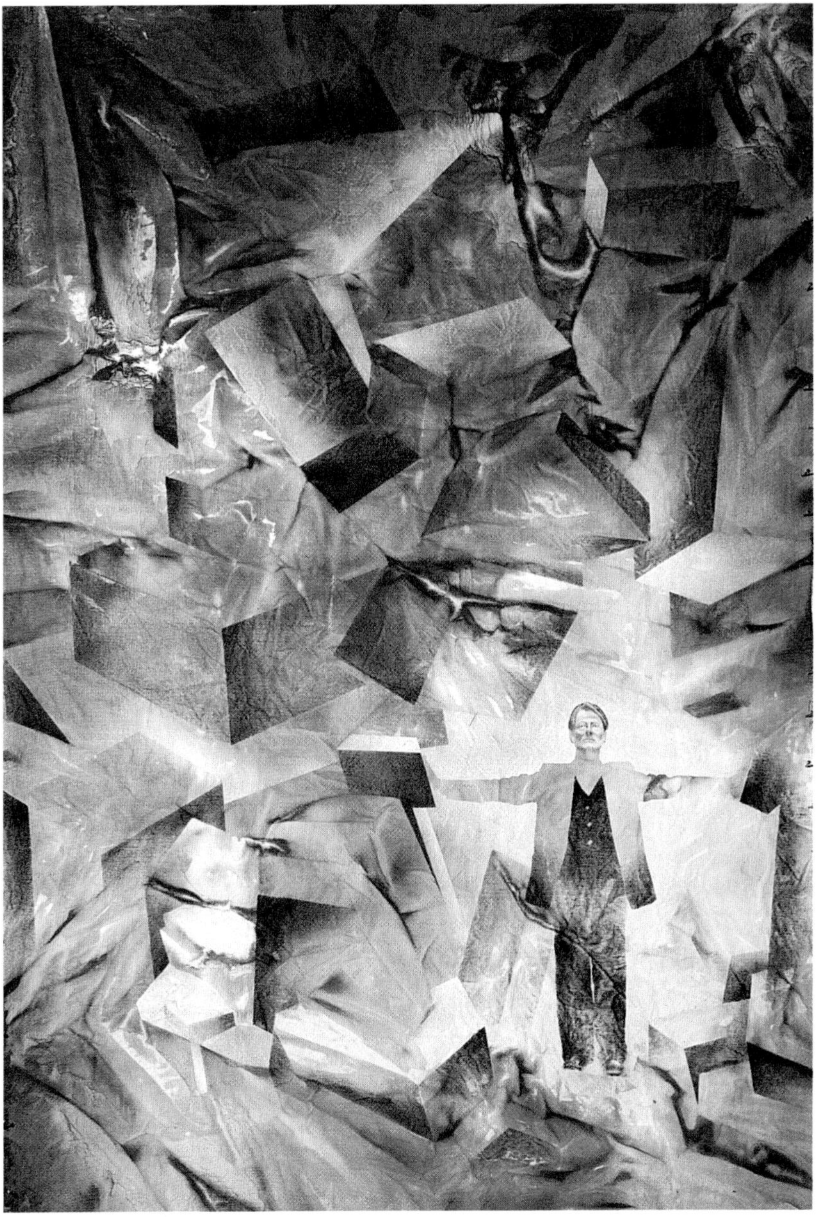

Giulio Paolini

Luigi Ontani

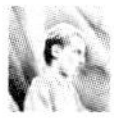

La signora Ontani, racconta sempre con grande commozione il giorno della nascita del secondo figlio Luigi, poiché la sua venuta al mondo fu più simile a una carezza piuttosto che a un parto doloroso.

Ricorda bene di aver chiesto scusa alla levatrice per l'uscita di quel presunto venticello, ma lei, mostrando il neonato, rispose che quel venticello era Luigino.

Tutti risero in sala parto, per il simpatico malinteso e il rumore di quell'allegria rimase per sempre nelle orecchie del piccolo lasciando in lui una spiccata disposizione a ridere di sé e degli altri.

Vergato, il paese dove Luigi Ontani è nato e vissuto fino alla giovinezza inoltrata, era di dimensioni davvero minute. Suggestivo nella sua struttura architettonica e adatto ad una personalità visionaria, ma assolutamente privo di celebrità viventi da frequentare.

Fra le significative assenze del minuscolo paese, va segnalata quella di un cinema che, se aggiunta alla mancanza di un televisore in casa, spiega la sua abitudine a frequentare i propri maestri fra le pagine dei libri.

Va subito detto che, a catturare la sua attenzione, non erano la nobiltà delle imprese svolte in vita dai personaggi prescelti, che tra l'altro non si curava minimamente di conoscere, quanto la bellezza e la potenza fascinatoria dell'immagine che li rappresentava. Non faceva preferenze fra un generale prussiano, un corsaro inglese o un botanico tedesco, purché esprimessero coscienza della loro rarità. Il giovane Ontani si vantava di saper leggere più per immagini, che per parole.

Quanto meglio erano rappresentati, e tanto più lui se ne invaghiva. Fu così che, essendo la pittura più capace della fotografia di enfatizzare i modelli ritratti, spontaneamente abbandonò lo sfoglio delle Enciclopedie per privilegiare l'osservazione dei libri di pittura.

Col passare di un anno, divenne famoso nel paese, per la sua abitudine a frequentare solo immagini dipinte e per la sua bizzarria di credere le persone morte vive quanto quelle viventi.

Nessuno di quegli amici bidimensionali però, gli aveva mai rivolto una parola. Le conversazioni infatti, avvenivano tra lui e loro che parlavano attraverso di lui cosicché, nella realtà, era sempre lui a parlare per tutti.

Quando nel 1970 approdò per la prima volta a Roma con l'intenzione di viverci, ci arrivò con tutta la distanza del personaggio morto che ritornava a casa, con l'unico prepotente desiderio di vivere come se fosse già morto, nella speranza di ottenere in vita quei riconoscimenti che solitamente vengono riservati solo ai defunti meritevoli.

Purtroppo la città di Roma, per sua profonda natura è restia all'omaggio non solo verso il vivente ma anche verso il defunto, per questo l'artista Ontani maturò per sempre una sincera antipatia verso la Capitale che si ostinava a non riconoscere la sua statura di artista leg-

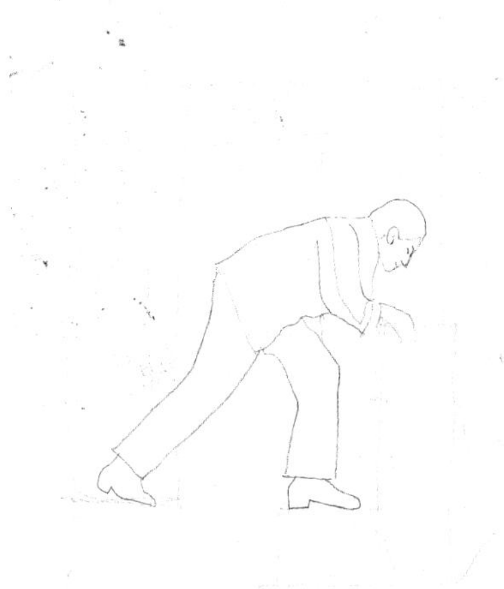

gendario. Un giorno, rivolto ad un tassista distratto che non lo riveriva adeguatamente, scoppiò in un moto di stizza dicendo: "Se non lo fate per me, fatelo almeno per le leggende che rappresento!".

Il tassista si limitò a sputare dal finestrino. Questo fu veramente troppo per l'artista che dopo aver gettato verso il maleducato una banconota si lanciò dall'auto ancora in movimento.

Fortuna volle che si trovasse davanti alle scale del Campidoglio.

Le salì a testa alta e raggiunto il centro della piazza prese a conversare con Michelangelo che finalmente rispose da pari a pari.

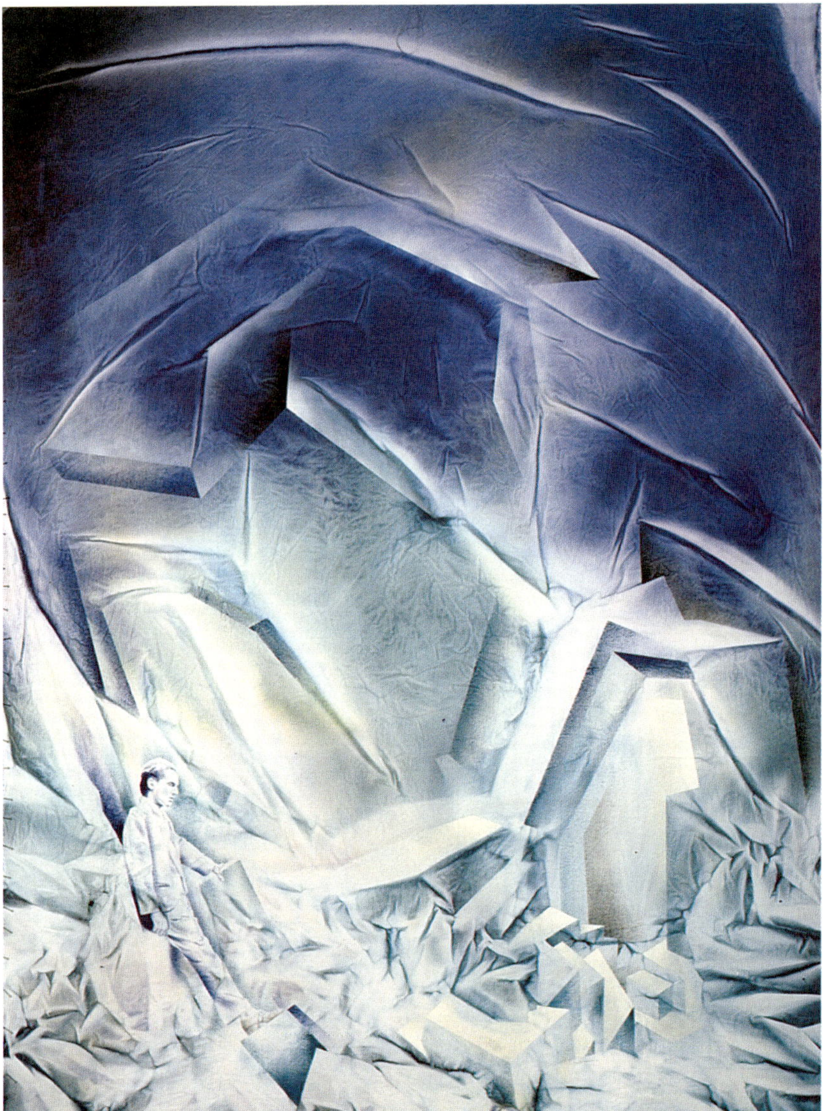

Luigi Ontani

Mrs Ontani is always extremely moved when she talks about the birth of her second son, Luigi, because when he came into the world it was more like a caress than a painful delivery.

She remembers having apologized to the midwife because supposed she had broken wind, but the midwife replied that the wind was Luigino, and showed her the newborn baby.

Everyone in the delivery room laughed at the amusing misunderstanding. That cheerful sound rang in the baby's ears forever, and consequently he had a marked tendency to laugh at himself and others.

Vergato, the village where Luigi Ontani was born and lived until he was a young man, was really tiny. Its architecture was charming and suited to a visionary personality; but there were no living celebrities to mix with.

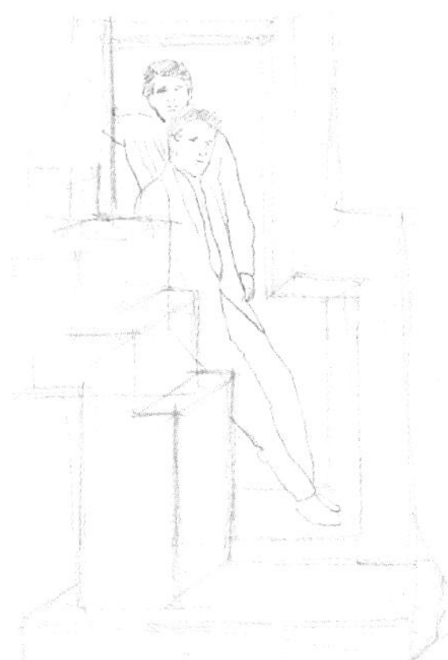

One thing that was conspicuous by its absence was a cinema, and if we add that Luigi Ontani had no television at home, this explains why he found his mentors in books. We must say at once that it was not the noble feats his chosen heroes accomplished in their lifetimes that attracted his attention; indeed. He was attracted simply to wasn't the least interested in finding out about them, but the beautiful, fascinating pictures that portrayed them. A Prussian general, an English pirate or a German — botanist it was all the same to him, as long as they expressed an awareness of their exceptional stature. The young Ontani boasted that he was better at reading pictures than words. The better the representation, the more infatuated he became. Since painting was better than photography at capturing the models portrayed, he spontaneously gave up leafing through encyclopaedias and

developed a preference for art books.

After a year, he became famous in the village for his habit of spending all his time looking at paintings and for his eccentric belief that the dead were as alive as the living.

None of his two-dimensional friends, however, had ever spoken a word to him. Conversations took place between him and them, but they spoke through him, so in actual fact he was the one who was speaking all the time.

When he first arrived in Rome in 1970 with the intention of settling down there, he was as detached as a dead celebrity who had come home with the sole burning desire to live as though he were already dead, in the hope of obtaining while he was still alive the recognition that is usually reserved for the deserving deceased.

Unfortunately the city of Rome is by nature reluctant to pay tribute both to the living and to the dead, and so Ontani the artist developed a lasting antipathy for the capital which refused to recognize his stature as a legendary artist. One day, addressing an absent-minded taxi driver who was not showing him due reverence, he said in a fit of temper, "If you don't do it for me, at least do it for the legend I represent!"

The taxi driver merely spat out of the window. This was really too much for the artist who, after throwing a bank note to the rude fellow, leapt out of the moving vehicle.

It just so happened he found himself at the foot of the steps that led up to the Capitol.

He went up them, his head held high, and when he reached the centre of the square, he began to converse with Michelangelo who finally talked to him as an equal.

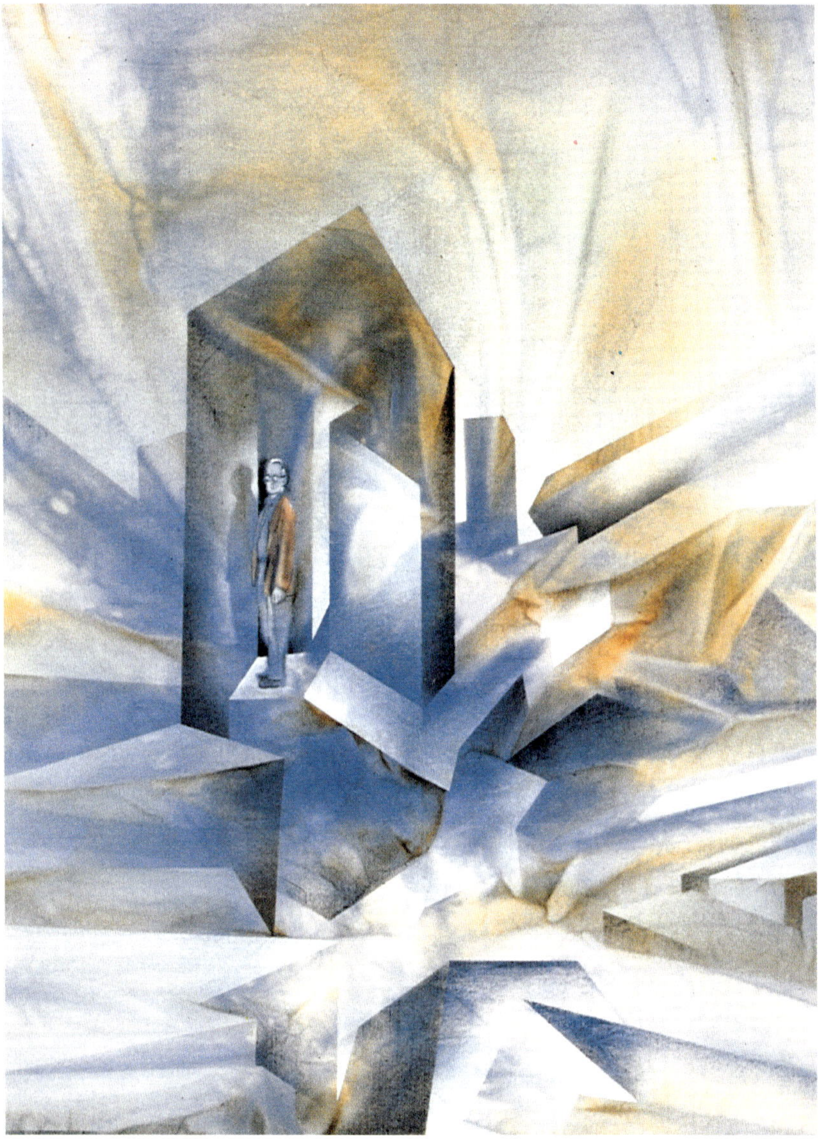

Gherard Richter

Gherard Richter

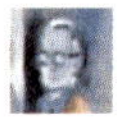

Non c'è artista che sappia coniugare con tanta misura, limpidezza di concetti, con perizia di mano quanto Gherard Richter. La sapienza con la quale governa le traiettorie dei singolari pennelli, il controllo delle materie colorate che dirige con sicurezza e trasforma da colature casuali in ordinati schieramenti di luci festose, ne fanno il figurativo dell'astrazione.

"Metti in ordine la camera Gherard!" diceva la severa governante ad ogni calar della sera.

Ma lui lo avrebbe fatto comunque poiché nulla lo infastidiva più di un ambiente disordinato. "Metti in ordine i pensieri, o non saprai cosa devi fare nella vita" disse il babbo alla fine del liceo e lui, per un breve istante poté guardare dentro la sua scatola cranica e la sgombrò con diligenza da ogni incertezza.

"Metterò in ordine la pittura", disse Gherard al babbo alcuni anni dopo, prima di affittare il primo

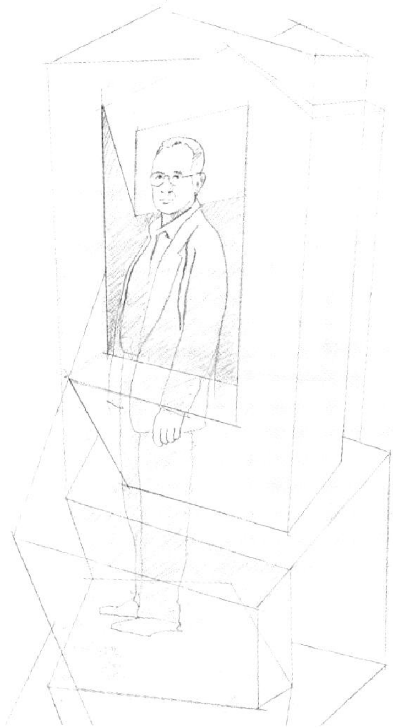

studio d'artista.

Non ha mai sprecato tele nella sua vita, né strumenti di lavoro. Ha sempre lavato perfettamente i pennelli dopo l'uso, ha sempre chiuso perfettamente i barattoli di vernice e i tubetti di colori ad olio, difficilmente ha consumato pellicole inutilmente.

Ad un caro amico, in vena di confidenze e con un leggero rimpianto ha confessato che, se non avesse scelto la strada della pittura, con la stessa chiarezza avrebbe potuto intraprendere una brillante carriera cinematografica che oggi lo vedrebbe sicuramente fra i protagonisti del nuovo cinema tedesco insieme a registi come Fassbinder e Wim Wenders.

Con lo stesso ritmo della sua pittura ha conosciuto le persone e approfondito le amicizie.

There is no artist who knows how to combine clear ideas and sleight of hand so well as Gherard Richter. The skill that governs the trajectories of his brushes, and his control of the pigment,which he deftly transforms from random splashes into ordered line-ups of festive lights, make him the figurative artist of abstraction.

"Tidy up your room, Gherard!" his strict housekeeper would say every evening.

But he would have done so anyway since nothing annoyed him more than an untidy room. "Tidy up your thoughts or you'll never know what you want to do in life," said his father when Gherard finished secondary school, and so he swiftly instant looked inside his skull and diligently cleared it of uncertainty.

"I'll tidy up painting," Gherard told his father a few years later, before renting his first studio.

He has never wasted canvases or tools in his life. He has always washed his brushes perfectly after use; he has always closed his tins of paint and tubes of oils perfectly; he has rarely used films pointlessly.

When he was in the mood for confidences, he confessed rather regretfully to a close friend that, if he hadn't chosen painting, his clear ideas would have resulted in a brilliant career in films and today he would definitely be a leading figure in the new German cinema alongside filmmakers like Fassbinder and Wim Wenders.

He meets people and makes friends as easily and well as he paints.

Yasumasa Morimura

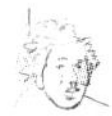

L'amico più caro di Morimura e quindi la fonte più preziosa per avere informazioni sulla vita di un artista così geloso del suo privato, è un italiano che si occupa di libri d'arte presso la casa editrice Kodansha di Tokio. Il suo passato di cittadino europeo gli permette di guardare l'amico artista da una certa distanza culturale ravvisando nella sua personalità e nel suo fanatismo caratteriale, una certa analogia con il carattere dell'artista tedesco tipo. I due paesi hanno diverse caratteristiche comuni agli occhi di un artista che si riprometta di essere socialmente accreditato come tale. Il territorio è aspro, seminato di ostacoli che, per essere superati richiedono durezza di carattere. Si pretende un tipo di originalità che, come si diceva, confina con il fanatismo; l'artista deve essere molto aggressivo poiché, per un giapponese o un tedesco, conquistare il permesso di infrangere

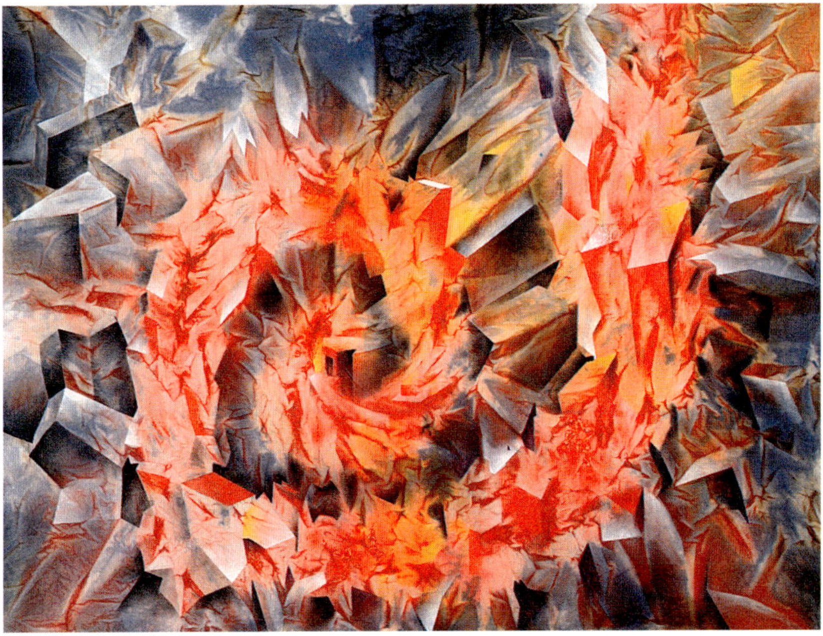

La casa di Yasumasa Morimura / Yasumasa Morimura's house

le regole è più difficile che per ogni altro abitante del mondo, essendo i due popoli molto compatti e fortemente inquadrati fin dalla notte dei tempi. Tale impresa nel distinguersi comporta una così grande fatica da lasciarli in seguito, anche in caso di pieno successo, livorosi per sempre.

Eppure, racconta sempre l'amico italiano, quando cominciò a muovere i primi passi nell'arte, si distingueva per la sua modestia e candidamente ammetteva di incarnare il sogno del giapponese del dopoguerra: essere un altro, senza sapere che facendo ad oltranza finta di essere quello che avrebbe voluto essere nella vita, avrebbe finito per diventare davvero qualcosa.

Un celebre cuoco di sushi, che affermava di succhiare energia spirituale dai pesci che mangiava, gli disse: "Tu fai lo stesso con gli uomini e per questo sei un cannibale. Dovresti essere imprigionato!".

Dopo qualche anno di attività, vedendo che ad ogni travestimento il fascino gli cresceva intorno al corpo come una nuova pelle, si rese conto che oramai si trattava solo di esercitare la virtù della pazienza.

Bisognava aspettare il momento in cui Van Gogh, indossato da Morimura, sarebbe diventato Morimura.

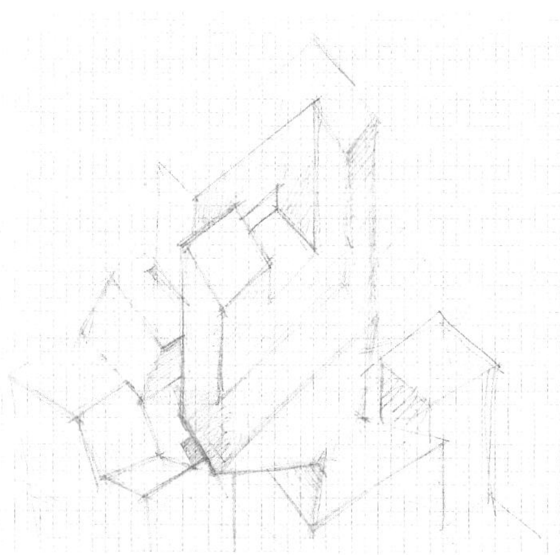

Morimura's closest friend, and thus the most valuable source of information on the life of an artist who so jealously guards his private life, is an Italian who edits art books for the Tokyo publisher Kodansha. His past as a European citizen allows him to see his artist friend from a certain cultural distance, and to notice in his fanatic devotion to art a certain resemblance to the typical German artist. The two countries have several features in common from the viewpoint of an artist who desires to be socially acknowledged as such. In each country, the artistic terrain is harsh, full of obstacles that can only be overcome by determination. The originality required, as we have said, verges on fanaticism, and the artist must be aggressive, since it is more difficult for a German or a Japanese to earn the right to break the rules than for any other inhabitant of the earth, the two countries having been very close-knit and tightly regulated since the dawn of time. The effort required to distinguish themselves leaves artists full of resentment, even when they are successful.

And yet, as his Italian friend always stresses, when Morimura started out, he was distinguished by his modesty and frankly admitted that he shared the post-war Japanese dream: to be someone else. He didn't knows that by continuing fanatically to pretend to be what he wasn't but would have liked to be, he would end up by creating something real.

A famous sushi chef, who claimed that he sucked spiritual energy from the fish he ate, told Morimura, "You do the same with men, and for this reason you are a cannibal. You should be locked up!"

After a few years, seeing that each disguise cloaked him in greater appeal, like a new skin, he realized that it was now simply a matter of exercising the virtue of patience.

He had to wait for the moment when Morimura dressed as Van Gogh would become Morimura.

MARIO MERZ

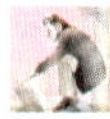

Quando Mario Merz si accorse di essere il più grande artista del mondo, era quasi vecchio o almeno molto maturo.

Il problema fu risolto brillantemente inventando una seconda nascita dove gli altri cominciano il tramonto.

Per questa ragione, gli atteggiamenti che caratterizzano i primi anni di una vita, irruppero prepotenti nei comportamenti di Merz dopo i sessant'anni, scatenando in lui un'energia infantile e sfacciata che lo portò a scorrazzare selvaggiamente per i territori dell'arte internazionale.

Tale straordinaria vitalità, mescolata all'immagine ormai senescente, compongono la sua forma di artista preistorico che ancora mantiene accesa la memoria di vulcani aperti che continuano a vomitare lava incandescente.

La sua ossessione cosmica, lo porta a farsi parafulmine di ener-

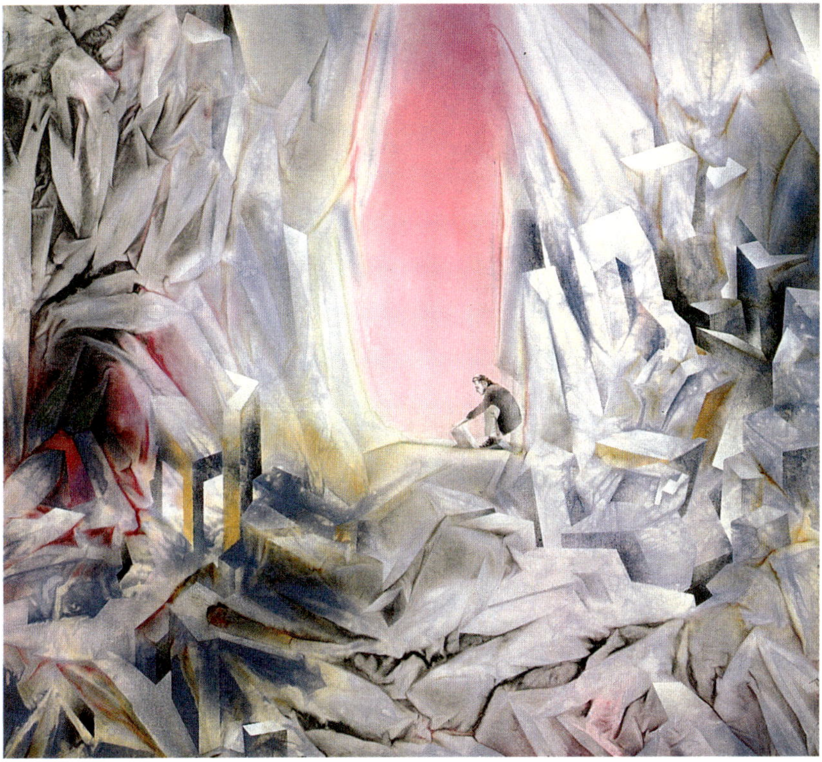

Mario Merz

gie primordiali. Egli vuol essere testimone dei processi della creazione universale al centro perfetto dell'evento, con un piede nella natura ed uno nell'artificio.

Per questo si ostina ad unire contro la loro volontà prodotti di natura ed artefatti nel tentativo, mai completamente appagato, di rappresentare l'idea bruciante che lo divora: l'Uomo Merz, è parte del tutto!

When Mario Merz realized he was the greatest artist in the world he was virtually old or at least elderly.

He solved the problem brilliantly by inventing his rebirth at an age when others generally go into a decline.

That's why typically youthful attitudes suddenly marked Merz's behaviour after the age of sixty; and fired him with a childlike, adventurous energy which has driven him to travel wildly throughout the territories of international art.

This extraordinary vitality, combined with his aging appearance, create this image of a prehistoric artist, one who still preserves a vivid memory of live volcanoes spewing out incandescent lava.

His cosmic obsession has led him to become a lightning conductor of primordial energies. He wants to bear witness to processes of universal creation, wants to be at the hub of the event, with one foot in nature and the other in artifice.

This is why he insists on combining natural products and artefacts willy-nilly, in an attempt—which is never completely achieved to present the ardent idea that consumes him: "Merz the man is part of the whole!"

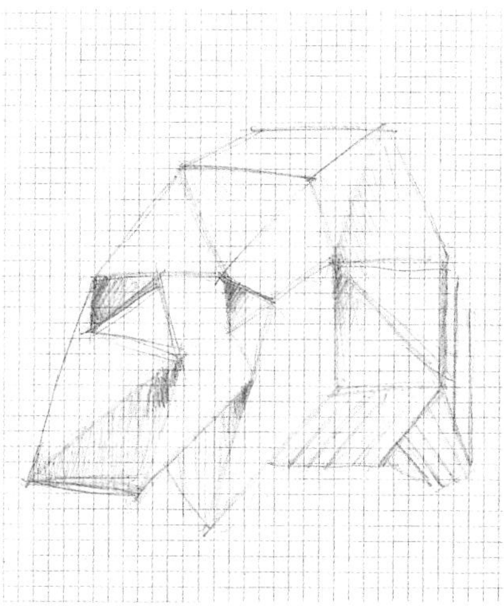

Gilbert & George

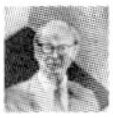

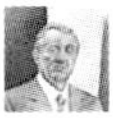

Ci sono due modi nella vita, per calmare l'umana sete di immortalità: fare dei figli o fare gli artisti.

Il giorno in cui, dopo essersi conosciuti appassionatamente, si giurarono di stare insieme per tutta la vita, affrontarono il grande problema che ne derivava: non avrebbero mai avuto dei figli.

"Non importa" disse Gilbert, "tanto faremo gli artisti".

George ricordò ridendo la frase che un cameriere del Pub Smiling Crown, un giorno prima aveva pronunciato vedendoli: "Insieme siete una meraviglia!".

Anni dopo, in un'intervista, alla domanda: "Perché avete fatto gli artisti?" risposero sinceramente: "Perché è il solo modo per sopportare la mancanza dei figli".

"Gilbert ed io, non tolleriamo il pensiero di non poter generare una piccola vita".

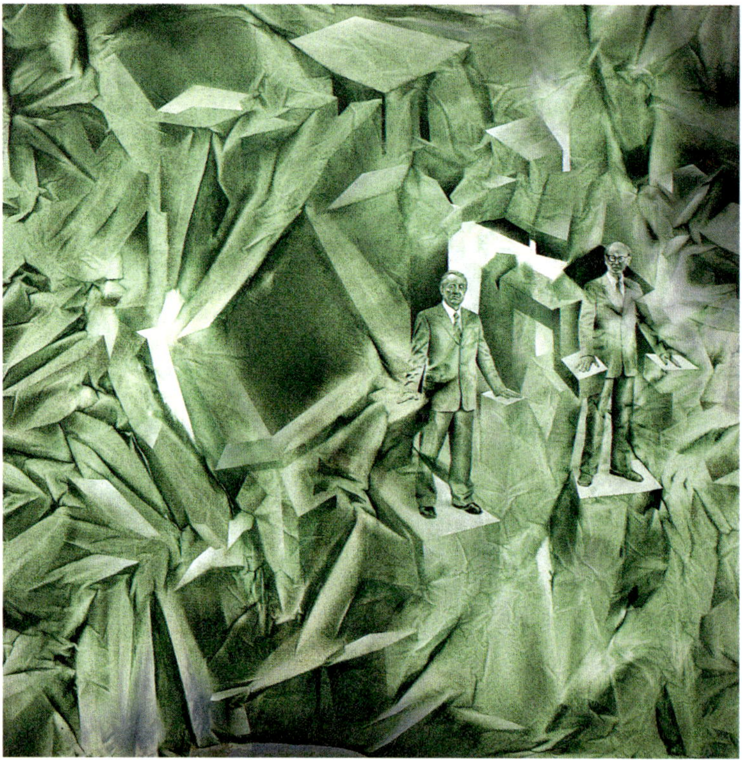

Gilbert & George

Una sera particolarmente triste, Gilbert regalò a George una preziosa scatoletta d'argento. Dentro, c'era una dose del suo sperma.

"Prendilo," gli disse "qui dentro ci sono migliaia di figli che avrei potuto regalarti".

Il gesto piaque talmente a George che insieme decisero di dedicare un giorno di ogni anno a venire, allo scambio di quel dono prezioso.

Da allora, tutti gli anni, il tredici del mese di maggio, le scatolette vengono tumulate con rito privato in un piccolo cimitero ricavato nel giardino di casa e dedicato ai figli che avrebbero potuto nascere se uno dei due fosse stato una donna.

In life there are two ways of satisfying the human thirst for immortality: having children or being an artist.

After falling passionately in love, the day they swore to spend the rest of their life together they had to face the big problem: they would never be able to have children.

"It doesn't matter," said Gilbert, "we'll be artists."

Laughingly George remembered a remark that a barman in the Smiling Crown pub had made the day before: "You're wonderful together!"

In an interview years later, to the question "Why have you decided to be artists?" they answered frankly: "Because it's the only way to bear the thought of not having children."

"Gilbert and I can't bear the thought of not being able to create a little life."

One particularly sad evening, Gilbert gave George a valuable little silver box. It contained a dose of his sperm.

"Take it," he said, "this contains thousands of children I could have given you."

George appreciated this gesture so much that they decided to set aside one day each year when they would exchange this precious gift.

Ever since, on 13 May every year, the boxes are buried with a private burial service in a small cemetery in their garden, a century dedicated to the children they might have had if one of them had been a woman.

Julian Schnabel

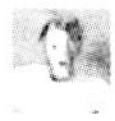

Julian aveva deciso di festeggiare il suo diciottesimo compleanno passeggiando per Central Park con Christian, il suo più caro amico.

Il gioco che avevano scelto di fare, consisteva nel dirsi cosa avrebbero voluto essere se, con uno schiocco delle dita avessero potuto diventare quello che volevano.

Christian aveva le idee molto confuse e andava dalla carriera dell'attore famoso al gestore di un ristorante raffinato.

Julian invece, aveva un solo progetto ma chiaro e si preparava ad esporlo quando perse il filo del discorso perché un piccolo passero molto comune faceva un grande schiamazzo. Mentre i genitori gli volavano intorno preoccupati senza riuscire a calmarlo, lui, goffo e testardo prendeva il volo con grandi ambizioni, per rovinare a terra poco dopo.

Lo seguì sorridendo per una cinquantina di metri lasciando l'amico solo ad aspettare.

Proprio in quel breve spazio di tempo, arrivarono due ragazzi agitati che urlavano in lingua portoghese, uno scappava e l'altro inseguiva.

Il secondo estrasse improvvisamente una pistola e sparò all'altro uccidendolo. Poi, per non essere fermato sparò a caso su altre due persone. Una era Christian, che fu centrato in piena testa e non si mosse più.

Prima di salire sull'ambulanza che inutilmente avrebbe accompagnato l'amico all'ospedale, Julian cercò un minutino il passerotto con lo sguardo pensando che quell'infimo esserino gli aveva forse salvato la vita.

In quel preciso istante, si ripromise che mai e poi mai avrebbe trascurato le cose minute per arrivare alle grandi. Anzi, decise che avrebbe seguito la strada delle cose molto piccole per arrivare alle molto grandi.

Avrebbe fondato il gigantismo dell'insignificante! E così fece.

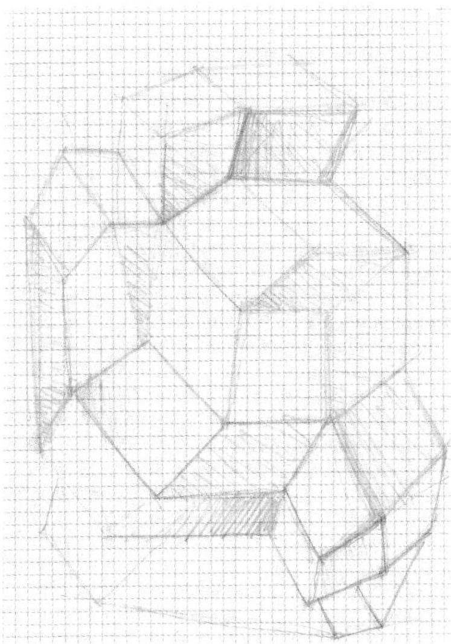

Julian had decided to celebrate his eighteenth birthday by going for a walk in Central Park with his best friend, Christian. They hit on the idea of telling each other what they would like to be if they could become whatever they wanted simply by snapping their fingers.

Christian was undecided, and ranged from a career as a famous actor to the owner of an exclusive restaurant.

Julian, on the other hand, had very definite plans, and was about to explain. But then he lost the thread, because a very ordinary young sparrow was making a temendous commotion. While its concerned parents flew around it, trying in vain to calm it down, it stubbornly and clumsily took flight, only to fall almost immediately back to earth.

Julian followed it, smiling, for fifty yards or so, leaving his friend waiting behind.

At that very moment, two youths approached, shouting angrily in Portuguese, one of them chasing the other. The first one suddenly took out a gun and shot the other one dead. Then, to avoid capture, he shot two other people at random. One of them was Christian, who took a bullet in the head and fell to the ground. Before getting into the ambulance that was about to take his friend to hospital — though it was already too late to save him — Julian glanced back at the baby sparrow, knowing that the tiny creature had probably saved his life.

At that precise moment, he promised himself that he would never, never overlook small things to achieve great ones. He decided, in fact, that he would take the path of very small things in order to achieve very great things. He would found "giantism of the insignificant"! And that is exactly what he did.

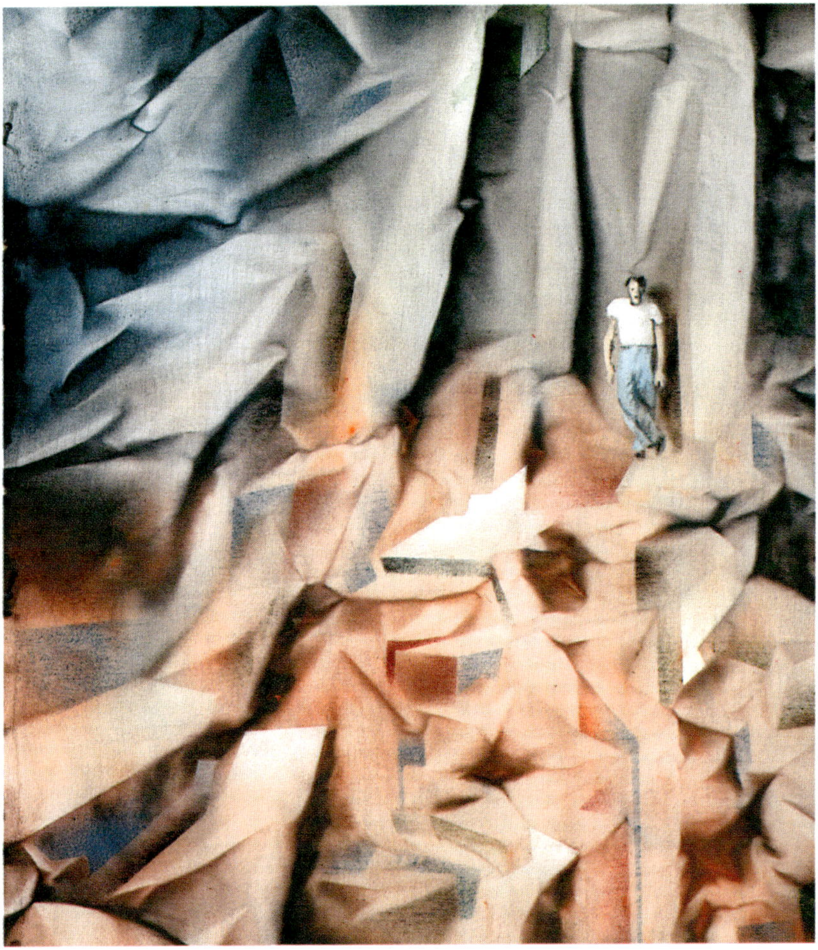

Julian Schnabel

ANSELM KIEFER

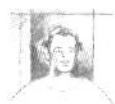

Quando un uomo contiene in sé un tale deposito di rovine moderne, può vivere solo sottoterra o sottotetto, mangiando polvere a colazione e ragnatele per cena, schiavo di una tale grandezza che solo i tiranni hanno conosciuto in Europa quando potevano esercitare la loro vocazione.

Nell'arte che lui ha scelto come abitazione, dove si possono dominare solo spiriti e pensieri senza corpi, dove i palazzi del potere sono disabitati dagli eserciti, si possono allestire nient'altro che teatri per spettacoli di macerie silenziose e con ciò, parlare di una grandezza che in un altro tempo avrebbe potuto vivere nel mondo vero, invece di esprimerla nella pittura come è costretto a fare adesso.

"Oh grande Germania, quanto sai essere grande quando vuoi guardare diritto nella polpa della tragedia!".

Lo disse un devoto anzi fanatico

estimatore tedesco dell'arte di Anselm Kiefer nell'autunno del 1984.

"Quando verranno i momenti della vera rinascita, sarà bene seppellirti con il passato, o questo paese, ogni volta che ti guarderà, non potrà ridere spensierato".

"Chissà," aggiunse un altro lì vicino "se è possibile essere altrettanto grandi nell'allegria?".

Kiefer, si fece una risata e rispose di no.

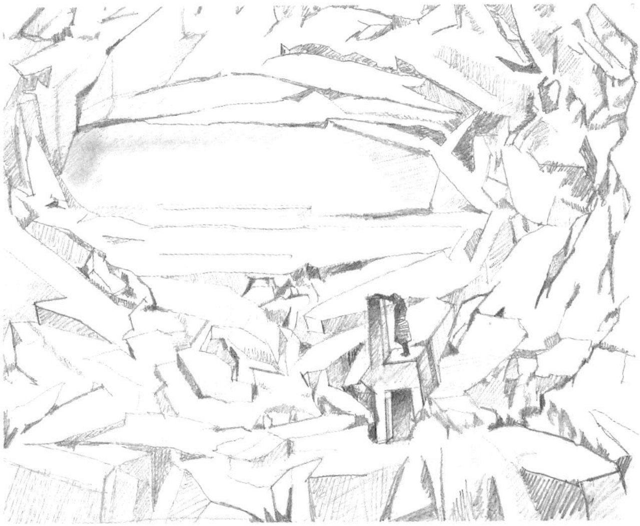

When a man contains within him such a store of modern rubble, he can only live in a cellar or in a garret, eating dust for lunch and cobwebs for dinner, the slave of a greatness such as only tyrants have known in Europe when they were able to exercise their vocation.

In the art he has chosen as his dwelling-place, where only disembodied spirits and thoughts can rule, where the halls of power are uninhabited by armies, nothing can be built except theatres for noiseless rubble, be speaking a greatness that in other times would have been

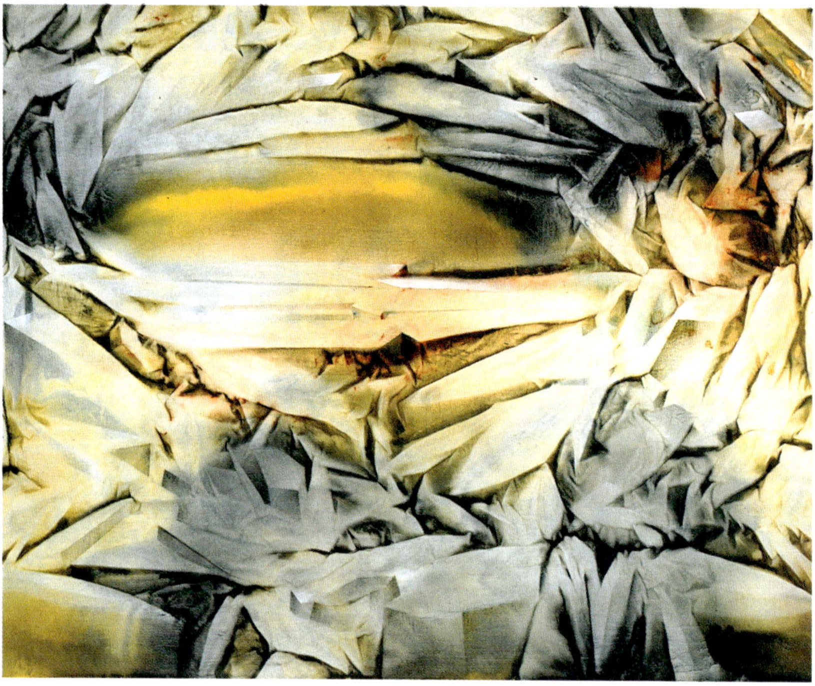

La casa di Anselm Kiefer / Anselm Kiefer's house

able to live in the real world, rather than expressing it in painting as he is forced to do now.

"Oh, great Germany, how great you can be when you look straight into the heart of tragedy!"

These words were spoken by a devoted, enthusiastic German admirer of Anselm Keifer, in the autumn of 1984.

"When the time of true rebirth comes, you will have to be buried with the past; otherwise, every time this country sees you, it won't be able to laugh light-heartedly."

"Who knows," added someone nearby, "whether it's possible to be cheerful and equally great?"

Kiefer laughed and answered, "No."

Salvo

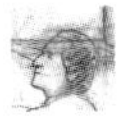

Salvo Mangione, conserva gelosamente una lettera che in gioventù scrisse ad un amico, poco tempo dopo il suo arrivo a Torino.

Con la sincerità disarmante e l'ironia che da sempre lo distingue, dice che in quel foglio c'e tutto quel che serve a capire le ragioni della sua pittura.

Noi la riceviamo e pubblichiamo volentieri.

"Caro Alfredo,

sono arrivato a Torino da pochi giorni ma ho già capito che, per quanto riguarda i miei progetti di lavoro, le cose andranno per le lunghe.

Questa non è la città giusta per chi vuol fare lo scrittore comico, si ride poco e si lavora molto (parlo di lavoro pesante e malpagato).

Per guadagnare qualche soldo, ho cominciato a lavorare presso un corniciaio.

Non ti preoccupare, non mi sono messo a fare l'artigiano.

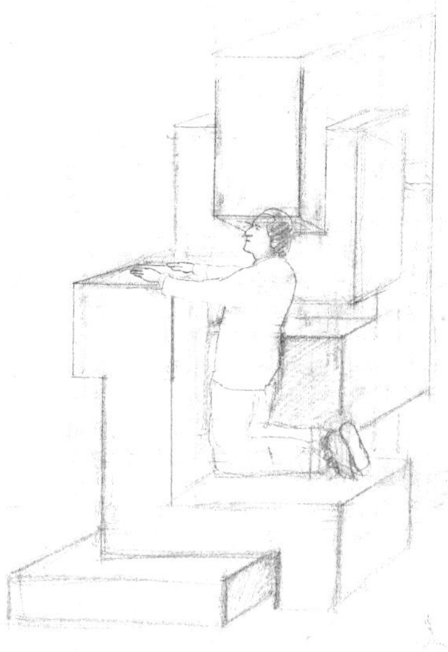

Salvo

Questo corniciaio vende anche piccoli paesaggi ad olio, più ancora di un buon gallerista.

Per lui dipingo delle marine, parecchi tramonti ed altre vedute da pittore mediterraneo.

Ti dirò, che con la nostalgia che ho di casa, mi riesce quasi piacevole dipingere la mia Sicilia.

Ci credi se ti dico che si vendono come il pane? Pensa che ci faccio almeno 150.000 lire al mese.

Purtroppo, dopo più di sei mesi che ho consegnato il dattiloscritto alla Einaudi, non ho ancora ricevuto risposta. Pare proprio che del mio romanzo non freghi niente a nessuno.

Sempre dal corniciaio ho conosciuto un artista molto simpatico che dice di fare arte povera insieme ad altri pittori emigrati.

Sono talmente sbollettato che finirò per far parte di quel movimento anch'io. Scherzo naturalmente.

Un caro saluto,

tuo amico Salvo".

Salvo Mangione has lovingly preserved a letter that he wrote to a friend in his youth, soon after his arrival in Turin.

With the disarming sincerity and irony that has always been typical of him, he says that letter contains all we need to know to understand the reasons why he paints.

We have received it and publish it here with pleasure.

"Dear Alfredo,

I arrived in Turin a few days ago, but I know already that my work is going to take a long time to get going.

This isn't the right city for anyone who wants to be a comic writer, because in this city people don't laugh much and you have to work hard. (I'm talking about heavy jobs that are badly paid.)

I've started working at a framer's to earn a bit of money.

Don't worry, I've not turned into a craftsman.

This framer also sells small landscapes in oils than; in fact, he sells even more of them a good gallery owner.

For him I paint seascapes, a lot of sunsets, and other views of southern Italy.

I must say I'm so homesick I rather enjoy painting my Sicily.

Would you believe it? They're selling like hot cakes? Imagine! I'm making over 150,000 lire a month.

Unfortunately, it's been six months since I gave my manuscript to Einaudi and I still haven't received a reply. It really seems no one gives a damn about my novel.

At the framer's I met a very nice artist who says he's doing Arte Povera with other emigrant painters.

I'm so hard up I'll probably end up joining that movement. I'm joking of course.

Best wishes,

Your friend Salvo."

Enzo Cucchi

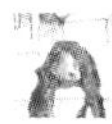

Enzo Cucchi ha paura di riempire il mondo di quadri, quindi ne dipinge sempre meno.
Il suo incubo ricorrente ad occhi aperti è sempre lo stesso: se un giorno, uno dopo l'altro, i custodi delle sue opere congiurassero contro di lui e decidessero di restituirgliele tutte in un colpo solo?

Cosa ne farebbe, dove le metterebbe, lui che quando ha finito un quadro non lo ama più e lo vorrebbe cancellare? Non sarebbe mai stato una lumaca gobba che gira con la casa piena di pittura sulla schiena, questo era certo!

Per questo da qualche anno si aggira per le case e le città con fare circospetto e sguardo diffidente, cercando se possibile, di farsi dimenticare.

Non si sa mai che una persona, incontrata per caso in una qualunque abitazione, una volta presa confidenza gli dicesse: "Ti dispiace se ti restituisco un tuo quadro?".

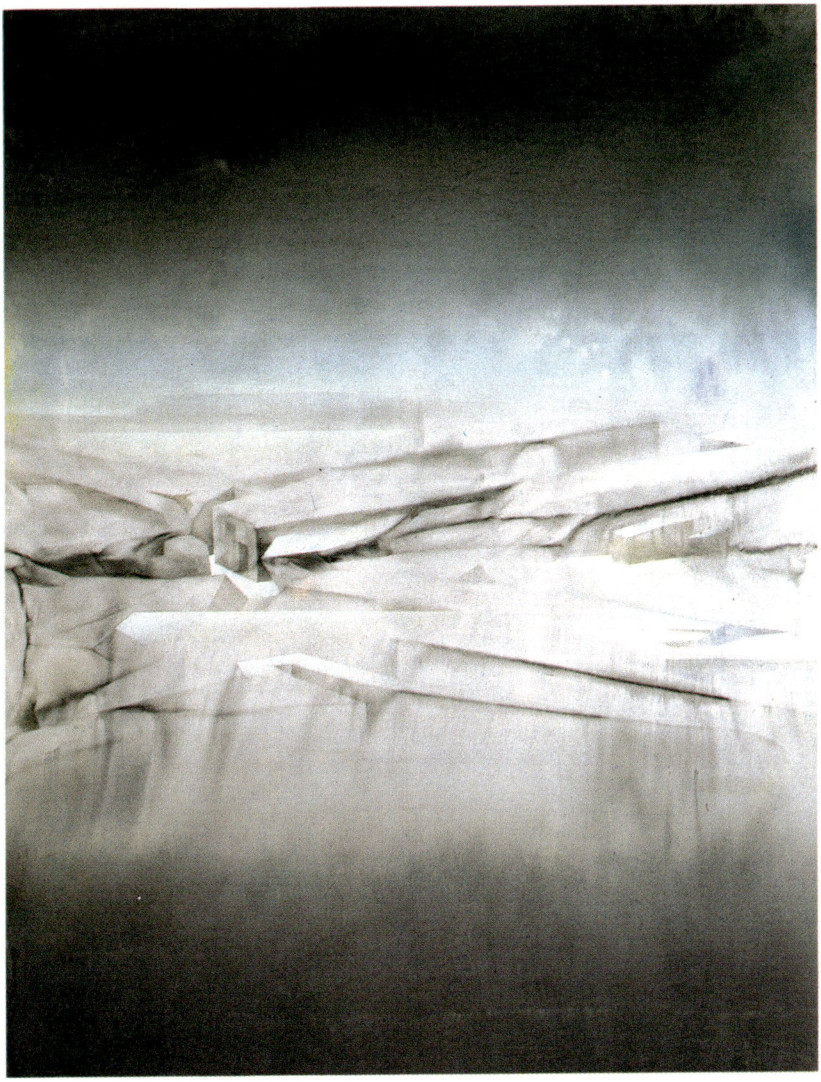

La casa di Enzo Cucchi / Enzo Cucchi's house

Enzo Cucchi is afraid of filling the world with paintings, and therefore he paints fewer and fewer.

His recurring waking nightmare is always the same: what if all the owners of his works, one after the other, were to plot against him and decide to return them to him, all at once?

What would he do with them, where would he put them? When he finishes a painting he no longer likes it and wishes to erase it. He would never be a humpbacked snail with a house full of paintings on his back, that's for sure!

This is why for the last few years he has passed through houses and cities with a circumspect, diffident air, trying if possible to make people forget him.

For one never knows if someone you meet by chance, once you have started talking, might say: "Do you mind if I return this painting?"

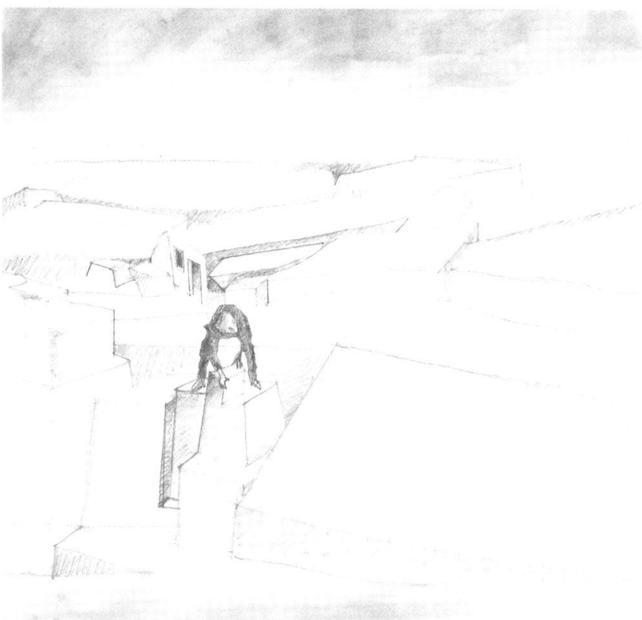

Alessandro Mendini

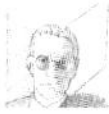

Da quando Mendini abita nella città, soprattutto nei quartieri circostanti, si è diffuso il buon umore.

Si dice porti fortuna e infatti, intorno alla sua casa, la vegetazione cresce più lussureggiante. Purtroppo è spesso fuori città per viaggi esplorativi in altri agglomerati urbani.

In suo onore, l'amministrazione comunale aveva stanziato un fondo speciale, mettendo in cantiere spese aggiuntive.

Si attendevano infatti richieste supplementari circa l'uso di materiali da costruzione rari e costosi, ma con grande sorpresa della commissione appalti, l'architetto ha progettato e preteso un semplice modulo monofamiliare di sasso comune, sviluppato in altezza con vista totale sul territorio.

Dal suo piccolo osservatorio, che sporge dal tetto come un comignolo, esercita il ruolo che gli è stato assegnato all'unanimità dagli abitanti, compilando un bollettino che viene trasmesso per radio.

La sua rubrica si intitola: "Le Previsioni del gusto".

Pare che riesca a vedere molto lontano, fino ad un secolo di distanza.

Ever since Mendini came to live in the city, good humour has become increasingly widespread, especially in the surrounding suburbs.

It's said that he brings good luck and that's true.

Unfortunately, he is often out of town on journeys of exploration to other urban areas.

In his honour, the local council had set aside a special fund for extra expenses, for they were expecting further requests from him for rare and expensive building materials. But to the great surprise of the planning committee, the architect designed a simple, single-family unit in ordinary stone, a tall building with a view of the entire surrounding area.

In his little observatory, which sticks up from the roof like a chimney-pot, he carries out the role unanimously assigned to him by the inhabitants and writes a monthly radio bulletin.

His bulletin is called "Forecast of Tastes."

It appears he can see very far, up to a century ahead.

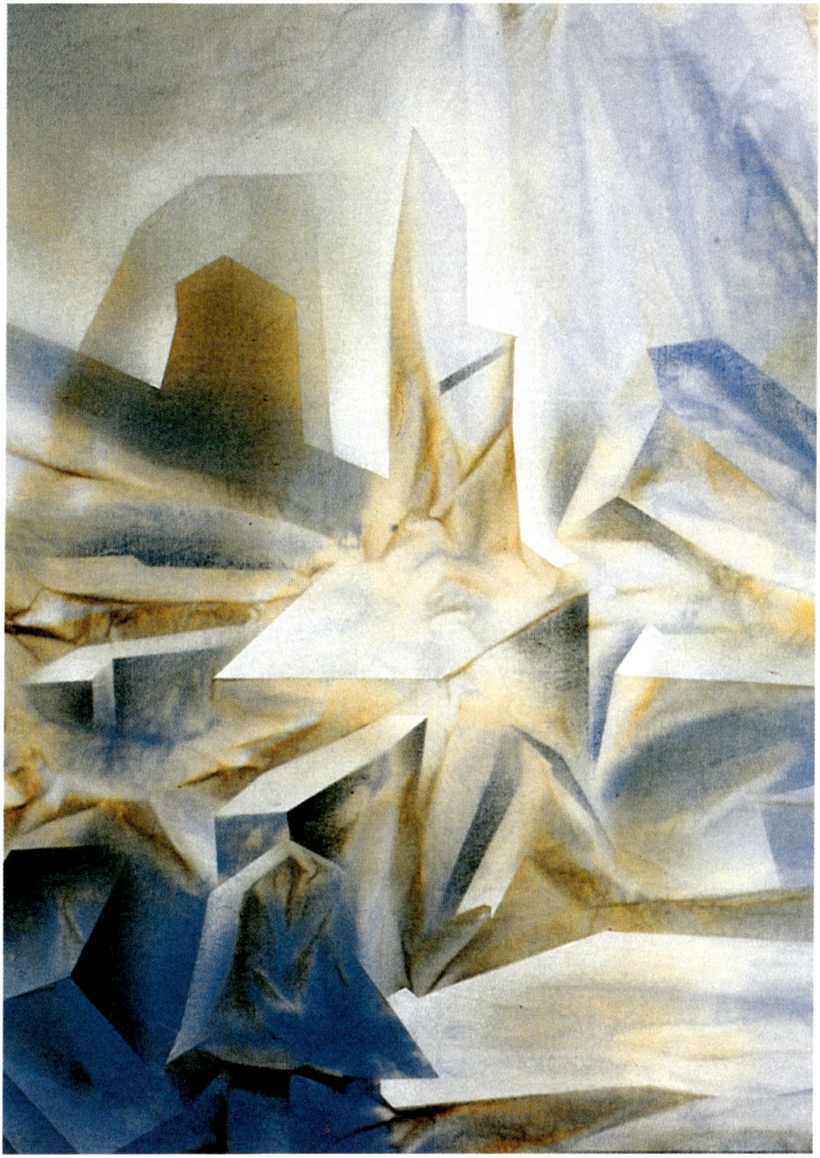

L'Osservatorio di Alessandro Mendini / Alessandro Mendini's Observatory

Mimmo Paladino

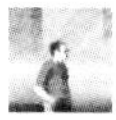

Mimmo Paladino ha scoperto di avere la pittura come un tenore scopre di avere la voce e ogni volta che comincia un quadro, teme di fare una stecca ma, con suo stesso stupore, succede sempre che le note escono esatte, tanto che lui, alla fine di una nuova fatica si rallegra puntualmente con se stesso e sospira di sollievo.

Proprio come un cantante, dice che quando si va in scena prima di un quadro, si prova sempre l'emozione della prima volta.

Alla fine di tanta pittura, appare chiaro che lo schivo pittore potrebbe ospitare qualsiasi immagine incontrata per la strada e ottenere lo stesso risultato. Infatti non sono le immagini a fare l'arte di Paladino ma le sue mani di sacerdote inconsapevole.

Lui stesso continua a non sapere quali santi ringraziare, per questo ha sempre quello sguardo stupito e assente da miracolato.

Mimmo Paladino discovered that he could paint the way a tenor discovers he has a voice, and every time he begins a painting he is afraid of hitting the wrong note; but, to his astonishment, the notes always come out right, so that when his labours are over he is always delighted and heaves a sigh of relief.

Just like a singer when he goes out on stage, Mimmo says that each time, before he starts a painting, he feels the same emotion as the first time.

At the end of so much painting, it is clear that the reluctant painter could accommodate any image encountered in the street and obtain the same result. For it is not the images that make Paladino's art, but his hands, which are those of someone who is unaware of being a priest.

He himself does not know which saint to thank, which is why he has always had the astonished, absent look of a person blessed by a miracle.

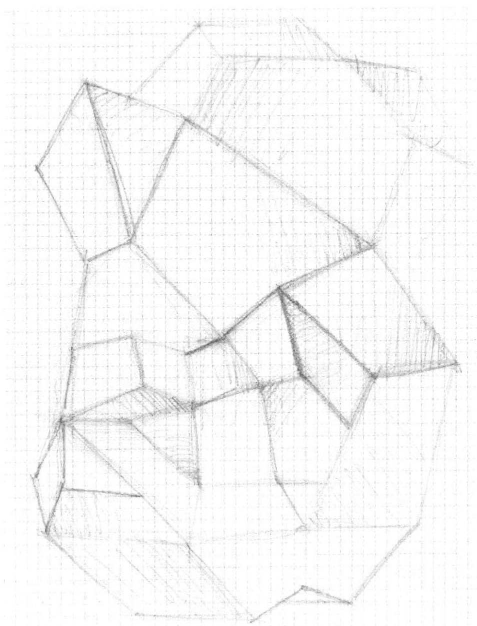

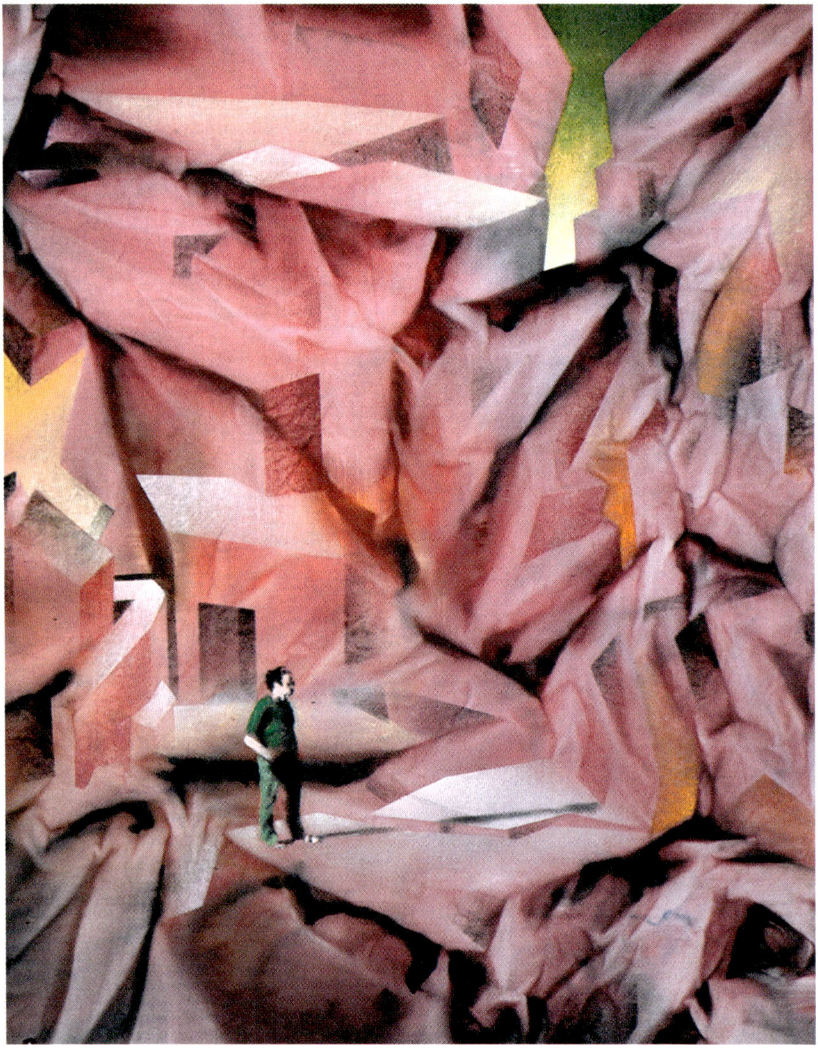

Mimmo Paladino

Hermann Nitsch

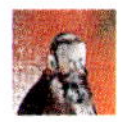

Hermann Nitsch cade come un meteorite in una laboriosa famiglia di contadini austriaci.

In lui, le prepotenti pulsioni fisiche vennero prima delle loro giustificazioni culturali.

L'insaziabile sete di vino nacque prima che sapesse del dio Bacco; la voglia di violare la carne e il magnetismo della violenza, prima che conoscesse la dignità della catarsi.

Molto presto sperimentando l'esercizio della lettura si accorse che nei libri stava il potere oscuro di santificare la soddisfazione dei propri istinti più inconfessati.

Fra le pagine scritte, abitavano gli dei pagani di tutte le umane debolezze.

Evocandoli, si acquistavano speciali licenze di vita, purché ci si accontentasse di spenderle nel girone della cultura.

Con questa chiarezza, si affacciò al palcoscenico dell'arte, ormai obeso di lettura e musica.

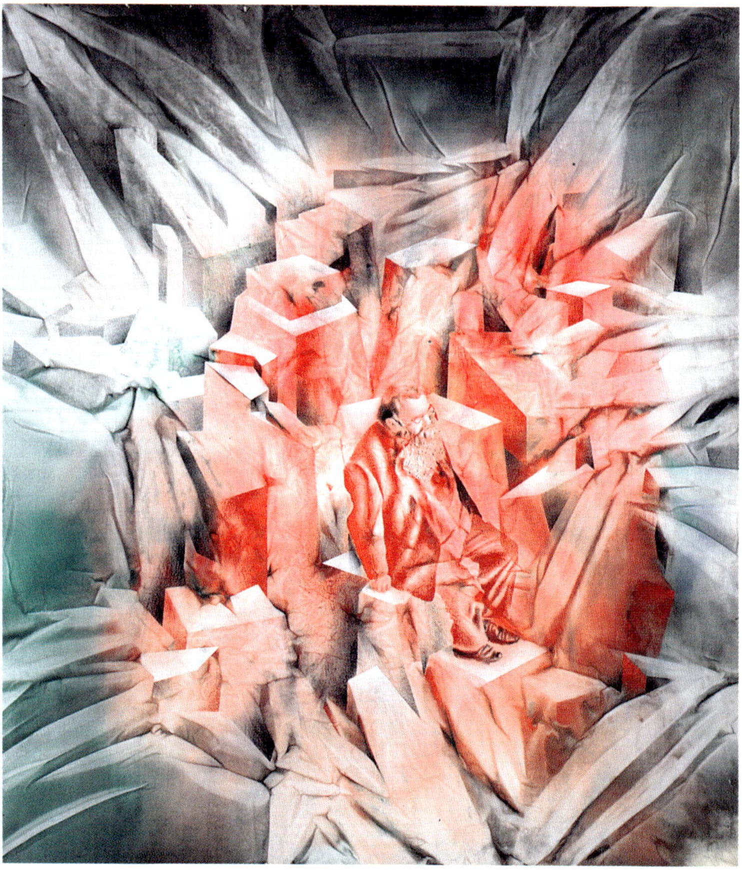

Hermann Nitsch

Ben pochi uomini hanno saputo architettare un palazzo estetico tanto fortificato per dare libero sfogo alle urgenze di un carattere assolutamente inarrestabile. Pochi artisti sono stati capaci di elevare a tanta dignità i propri bisogni corporali, facendo viscere anche del cervello.

Nessuno come lui, praticando la propria malattia, è diventato medico di fama internazionale; forse solo Richard Wagner.

Hermann Nitsch fell like a meteor into an industrious family of Austrian peasants.

His powerful physical drives came before he had found cultural justification for them.

His insatiable thirst for wine came before he knew about the god Bacchus; his desire to violate the flesh and the his attraction to violence came before he knew about the dignity of catharsis.

Very soon, through his early reading he realized that books contained the obscure power to sanctify the satisfaction of his own most unconfessed instincts.

The written pages were inhabited by the heathen gods of all human weaknesses.

By evoking them, it was possible to acquire special licences for living, provided they were used in the sphere of culture.

With this knowledge, and by now crammed full with reading and music, he entered the stage of art.

Very few men have managed to design an aesthetic palace so fortified that it can give full rein to the desires of an absolutely unchecked personality. Very few artists have managed to raise their own bodily needs to such dignity, turning even the brain into guts.

No-one—except perhaps Richard Wagner—has managed to practice his own disease and become a physician of international fame.

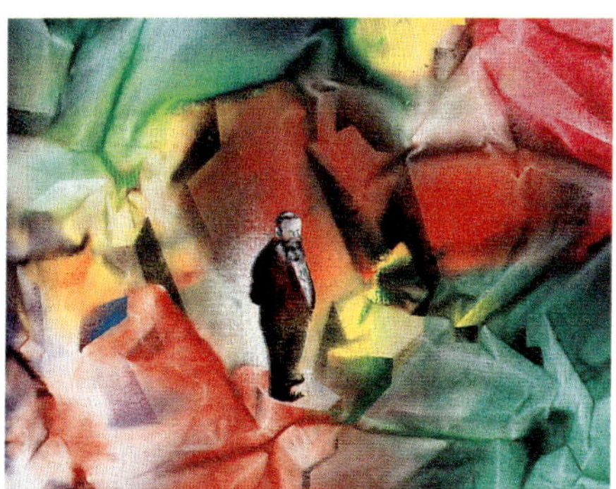

Giovane Ignoto

Nella casa soprastante abita un artista giovane e sconosciuto ai più, in cui tutti gli abitanti della città credono ciecamente.

Per questo è stato ospitato a gran voce.

Non ha realizzato che pochissime opere e quasi nessuno può dire di averle vedute, ma tutti gli abitanti se le raccontano aggiungendo ognuno qualche particolare e rendendole per questo sempre più significative.

La sua qualità, non sta tanto in quello che ha prodotto finora, quanto nella straordinaria capacità di convincere della sua grandezza.

Chiunque fra gli abitanti è pronto a giurare che sarà l'artista del secolo, il cavallo di razza dell'arte, Alessandro il Grande degli artisti, colui che li condurrà in Palestina.

Tutti dicono in coro: "Basta aspettare e vedrete".

There is a young, little-known artist living in the flat upstairs, and all the city's inhabitants have blind faith in him.

That's why they've welcomed him with open arms.

He has produced very few works and hardly anyone has seen them, but all the inhabitants talk about them, each adding a few details and thus increasing their importance.

His achievement does not lie so much in what he has produced to date, as in his extraordinary capacity to convince everyone of his greatness.

Everyone is ready to swear that he will be the artist of the century; the thoroughbred of art, the Alexander the Great of artists, the one who will lead them into Palestine.

They all say in chorus, "Just wait; you'll see."

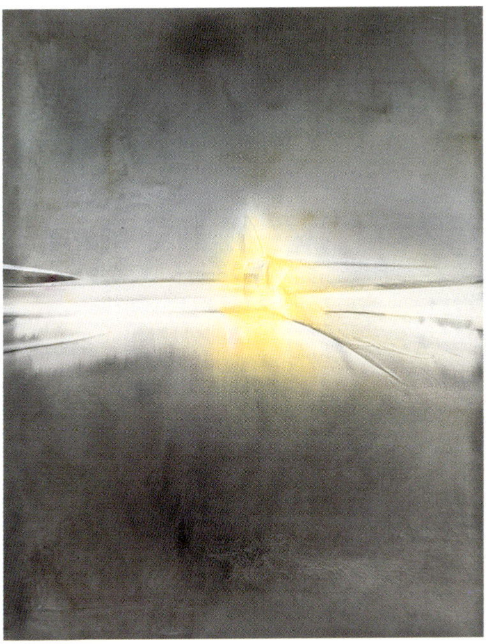

La casa del Giovane Ignoto / The house of the Unknown Young Man

Tony Cragg

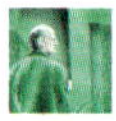

Tony Cragg, nella sua vita ordinata e cadenzata per capitoli, oltre a milioni di oggetti, in un prezioso taccuino nero ha raccolto anche nomignoli, epiteti, soprannomi che amici, parenti, amanti ed estimatori gli hanno affibbiato con il passare degli anni.

L'artista dice che in quell'agendina, si nasconde la mappa segreta del suo stile.

"Un giorno" promette, "quando ne avrò raccolti almeno 1000, ne farò un bel libro che sarà la mia biografia più fedele".

Ne riportiamo alcuni fra i più azzeccati:

Tony il collezionista.
Elegante uccellino da preda.
Creso dell'immondizia.
Tonnellata leggera.
Martello poetico.
Pensiero pesante.
Dove lo metti sta.

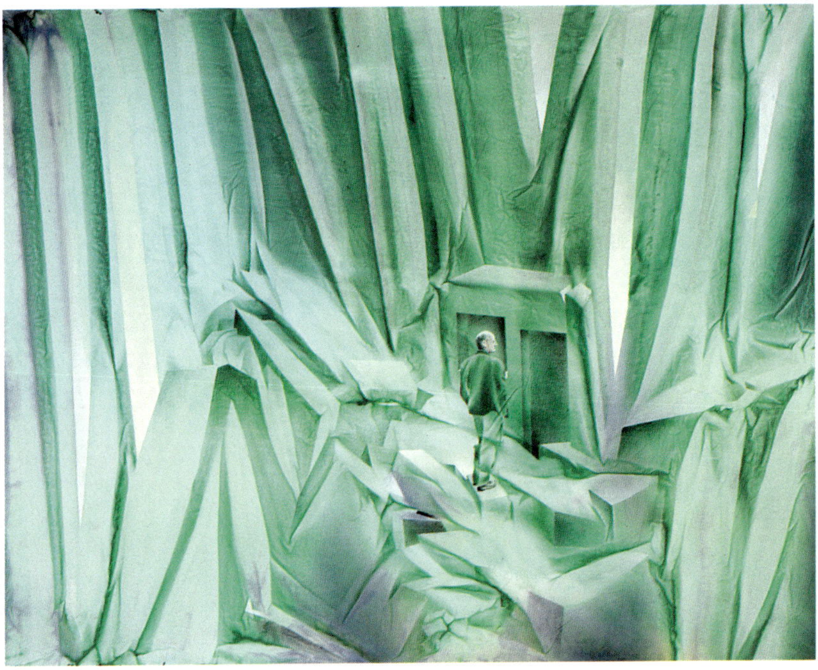

Tony Cragg

In his tidy life divided up into chapters, Tony Cragg not only has collected millions of objects but also has collected, in a valuable black notebook all the nicknames and epithets that friends, relatives, lovers and admirers have saddled him with over the years.

The artist says that this little book hides the secret of his style.

"One day," he promises, "when I've collected at least a thousand, I'll make them into a book that will be my most faithful biography."

Here are some of them that are closest to the mark:

Tony the collector.
Elegant bird of prey.
Croesus of rubbish.
Agile heavyweight.
Poetic hammer.
Heavy thought.
He's fine wherever you put him.

SIGMAR POLKE

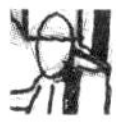

Polke, fin dalla più tenera età, si innamorò del mito dell'artista incorruttibile, dal profilo morale altissimo.

Nell'amico Gherard Richter, trova un ordine fisico alla sua confusione materiale.

Intuisce molto giovane che la sua qualità sta nell'intelligenza piuttosto che nelle mani, produttrici di caos materico e confusione tecnica.

Impegna con determinazione le sue prime energie a nascondere questo suo limite con gli ingredienti fisici della pittura, immergendolo in un vasto mare di arguzia e di concetti forti, fino a fare della confusione un segno di stile e di coerenza.

La sua incapacità diventa grande forza, la sua volontà di chiarezza, esempio di rigore, la grande dimensione delle sue opere, un teatro del coraggio.

Lo stesso atteggiamento adottato nel suo percorso di artista, guida le sue scelte nelle relazioni sociali.

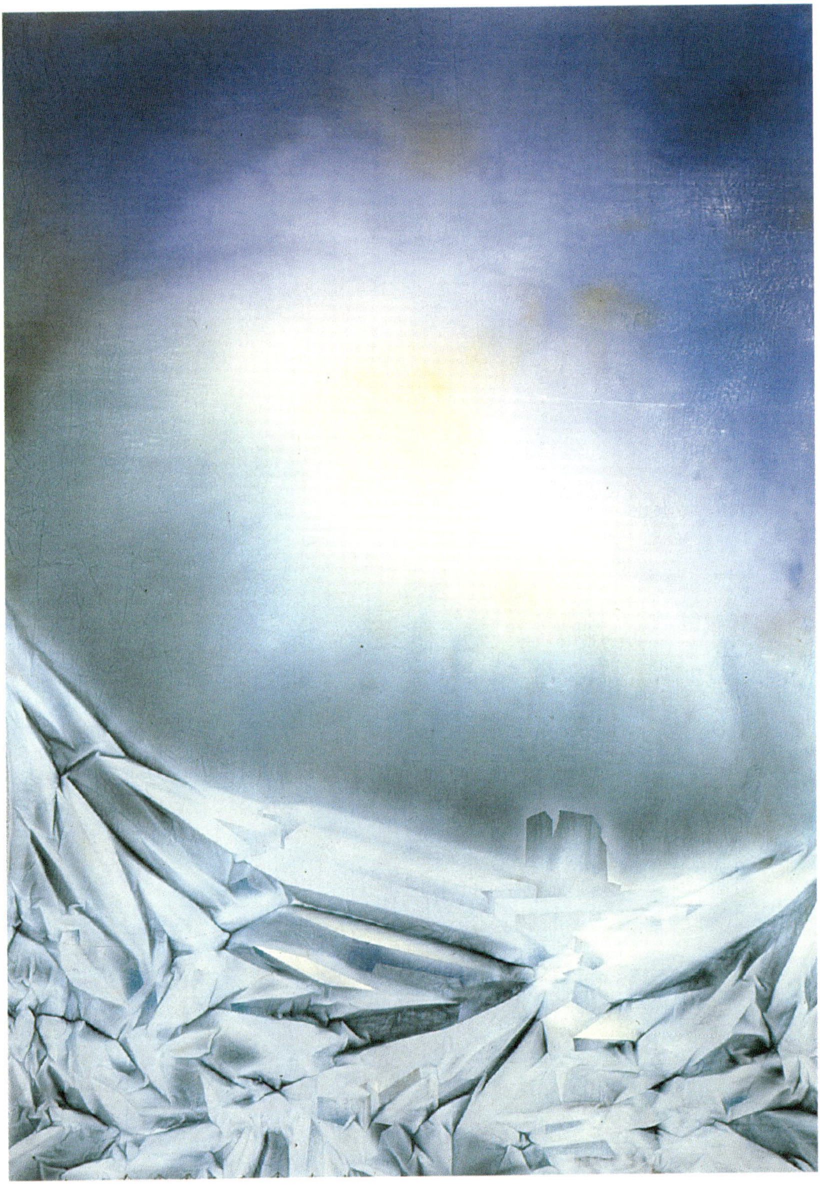

La casa di Sigmar Polke / Sigmar Polke's house

portandolo a muoversi con grande prudenza e ambizione.

Il suo concedersi con difficoltà, regala all'amico una profonda gratificazione, facendolo sentire una persona assolutamente speciale, sottratta all'informe confusione del sociale, come un segno, salvato dal caos dei segni, che Polke rende unico ingigantendolo nelle sue opere.

At a very tender age, Polke fell in love with the legend of the incorruptible artist who has a high moral profile.

He found a physical order for his material confusion through his friend Gherard Richter.

At an early age he knew intuitively that his strong point was his intelligence rather than his hands, which produced chaotic material and confusion techniques .

With great determination he used all his initial energy to hide his limitations, as far as the physical ingredients of painting were concerned, by immersing them in a vast sea of keen thought and strong concepts until he made confusion a mark of style and coherence.

His lack of skill became a great strength; his desire for clarity became exemplary rigour; the large size of his works became a theatre of courage.

This same chosen attitude to his artistic development also guided his choices in the field of social relations and led him to move cautiously yet ambitiously.

The fact that he does not make himself readily available is extremely gratifying to his friends; it makes them feel very special people. They stand out from the confusion of social life like a symbol which Polke draws from the chaos of symbols and then renders unique by enlarging it in his works.

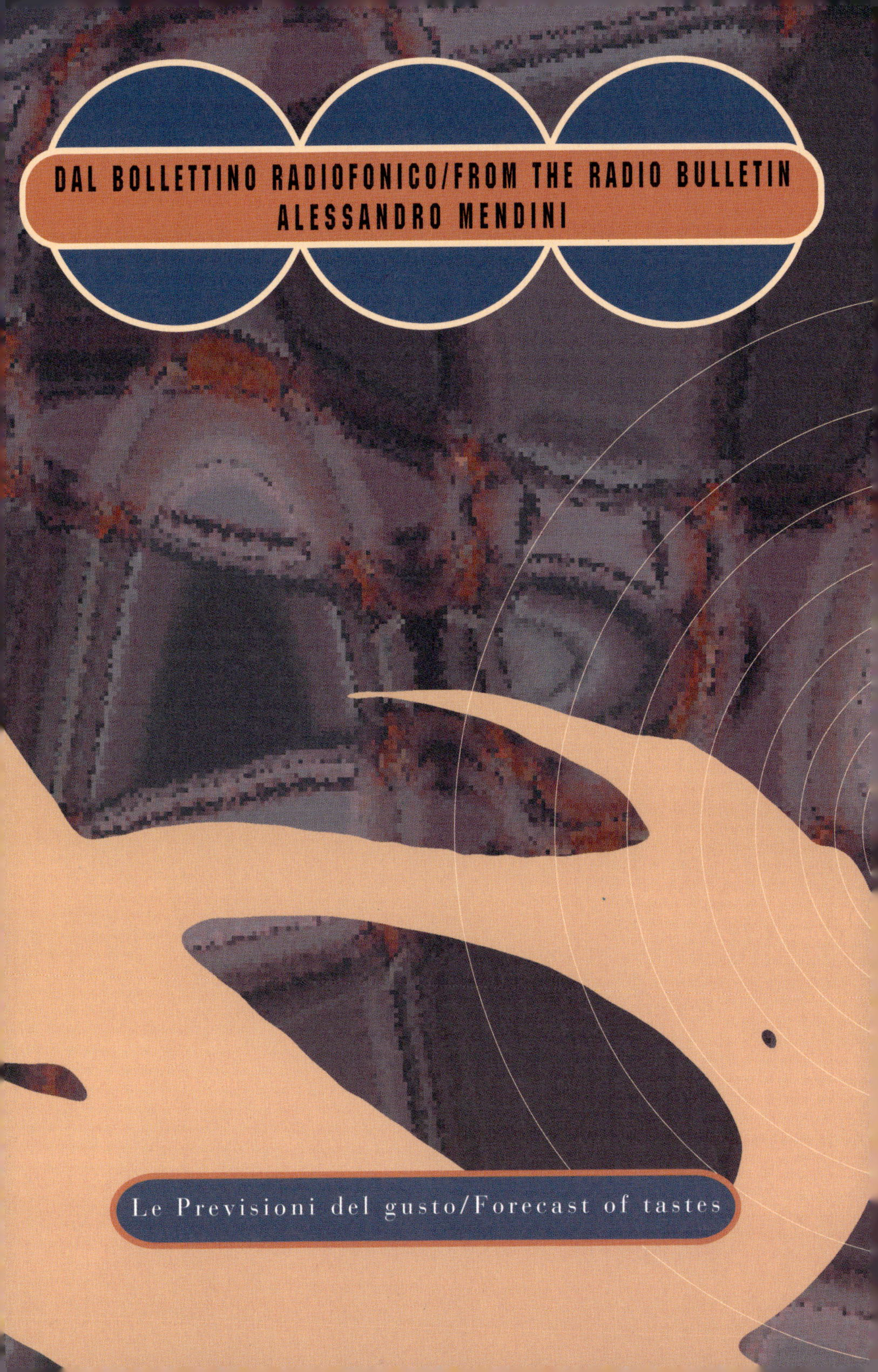

DAL BOLLETTINO RADIOFONICO/FROM THE RADIO BULLETIN

ALESSANDRO MENDINI

Le Previsioni del gusto/Forecast of tastes

La crosta terrestre: un territorio inteso come un palcoscenico personale, simbolo della propria capacità di scelta, spazio disomogeneo, accumulo di oggetti, groviglio di avventure e passioni antiprogettuali.

The earth's crust: a territory understood as a personal stage, the symbol of one's own capacity to choose, a non-homogeneous space, an accumulation of objects, a tangle of anti-design ventures and passions.

Le nuove architetture non saranno mai grandi e mai vicine fra loro, scomparirà la terminologia tipica dell'urbanistica moderna, si potrà riproporre dei piccoli giardini, si lascerà che l'edilizia si aggreghi e si autogeneri spontaneamente.

The new architectural works will never be big and never be close together; the typical terminology of modern town-planning will disappear; we will be able to repropose small gardens, and allow buildings to aggregate and generate themselves spontaneously.

Una città dove prevale la labilità dei sospiri della vita sulla compiutezza del monumento, il disegno amoroso sul disegno programmato.

A city where the transitory experiences of life prevail over the perfect monument, loving design prevails over programmed design.

Il paradiso terrestre è stato la città perfetta: senza architetture, oggetti, organizzazione e pianificazione.

Paradise on earth was the perfect city: without architecture, objects, organization and planning.

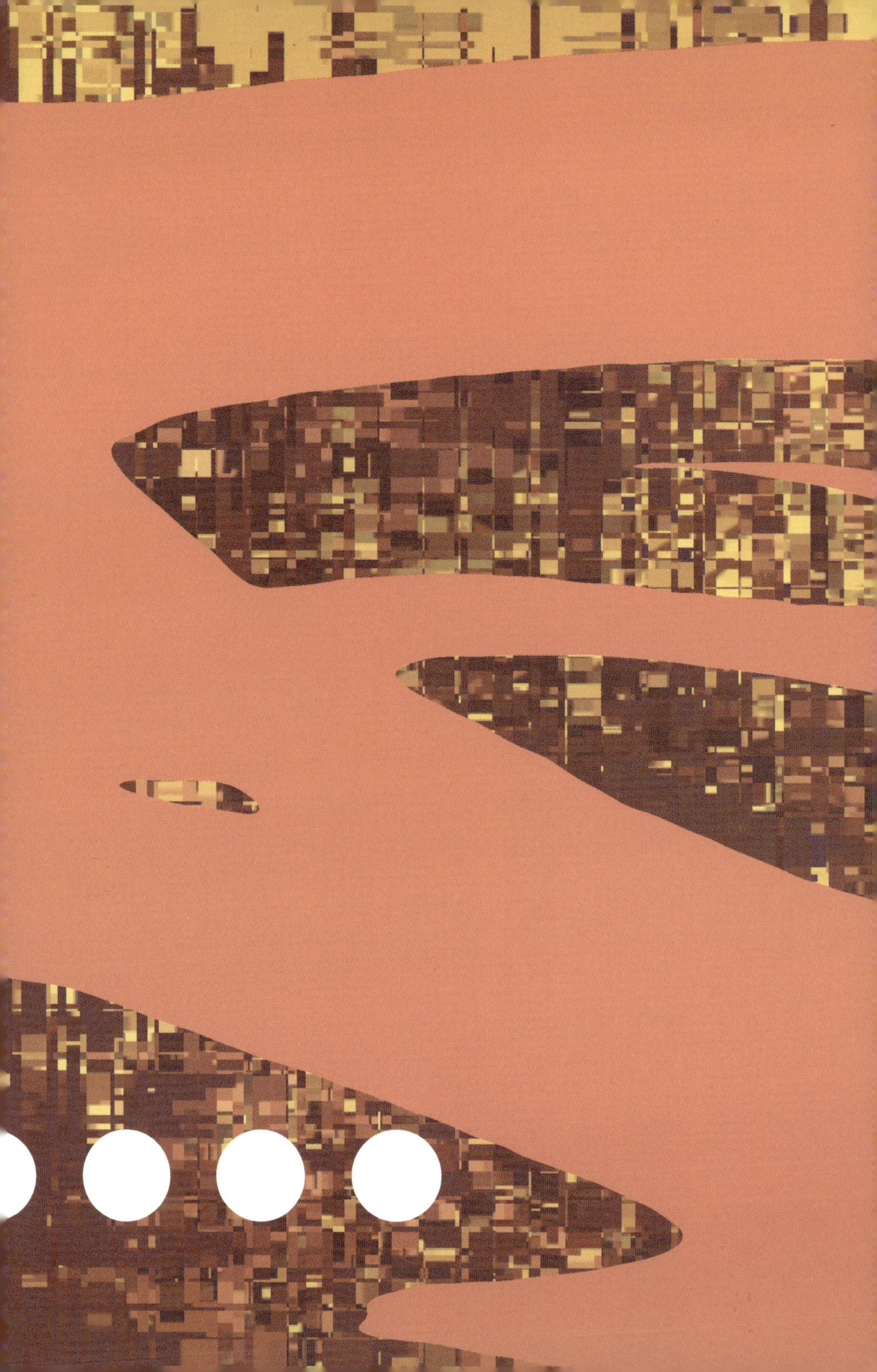

Città mia, ti ricordo, cara città lontana, paesaggio tutto conosciuto, pietre certe sulle quali stare senza paura, viali posizionati, suoni previsti, cielo pioggia aria notte, certezza totale anche se monotona, miniatura del reale, universo concluso...

My city, I remember you, dear distant city, a very familiar landscape, safe stones on which to set foot fearlessly, positioned avenues, expected sounds, sky, rain, air, night, total certainty even if it is monotonous, reality in miniature, an enclosed universe...

Architettura della sapienza: sapienza che nulla accade, cose minime, stati d'animo piccolissimi; sofisticatissime, personalissime mosse minimali della gente, di tutta la gente!

A wise architecture: the knowledge that nothing happens, minimal things, subtle moods; highly sophisticated, the highly personal, minimal moves of people, all people!

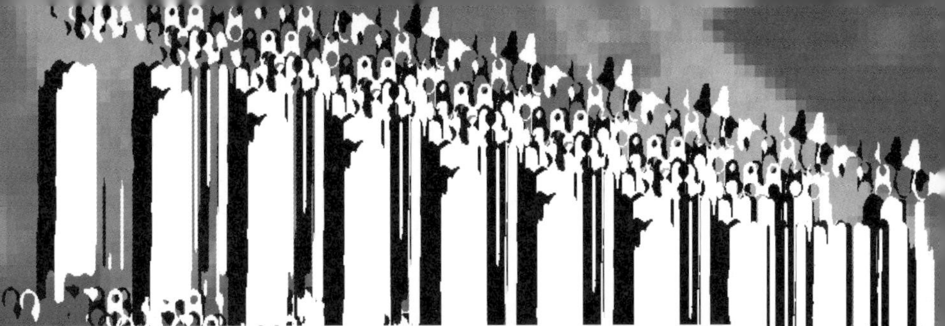

Le vere e principali architetture dell'Eden si proporranno di indurci al pensiero, oppure di congiungere il pensiero del singolo uomo con il cosmo, di miscelare i pensieri dei singoli uomini fra loro.

The architectural works of Eden will aim at stimulating us to think, or to merge the individual's thought with the cosmos, to blend the thoughts of individual men.

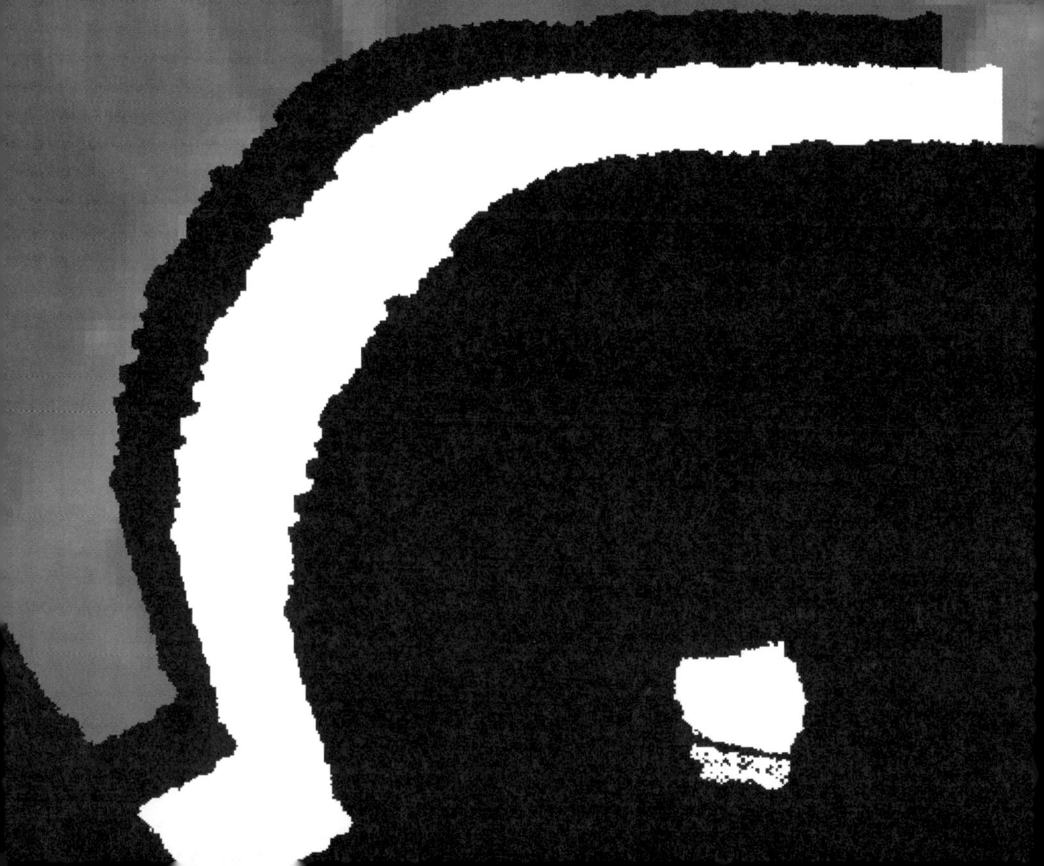

Vorrei che le case fossero come i labirinti tribali dove gli uomini potessero risolvere in sogni i loro più magici enigmi.

I would like the houses to resemble tribal labyrinths where men may solve their most magic enigmas in dreams.

The word "violence" is the general premise of any discourse on the city. The flow of new urban images is inexorably marked by suffering.

La parola "violenza" si pone come generale premessa a qualsiasi discorso sulla città. Il flusso delle nuove immagini urbane è inesorabilmente segnato dal dolore.

Un paragone agricolo. Ogni progettista semina la sua esperienza, passeggia nei suoi prati: coltivare, potare, incalmare, annaffiare, ripetere, attendere, curare, raccogliere, perimetrare, guardare la luna, proteggere il cantiere dalla tempesta, provare nuovi incroci. Questa è la nostra città.

Here is an agricultural simile. Every designer sows his experience; he walks through his fields, cultivating, pruning, grafting, watering, repeating, waiting, tending, harvesting, measuring the land, looking at the moon, protecting the site from storms, and trying out new cross-breeds. This is our city.

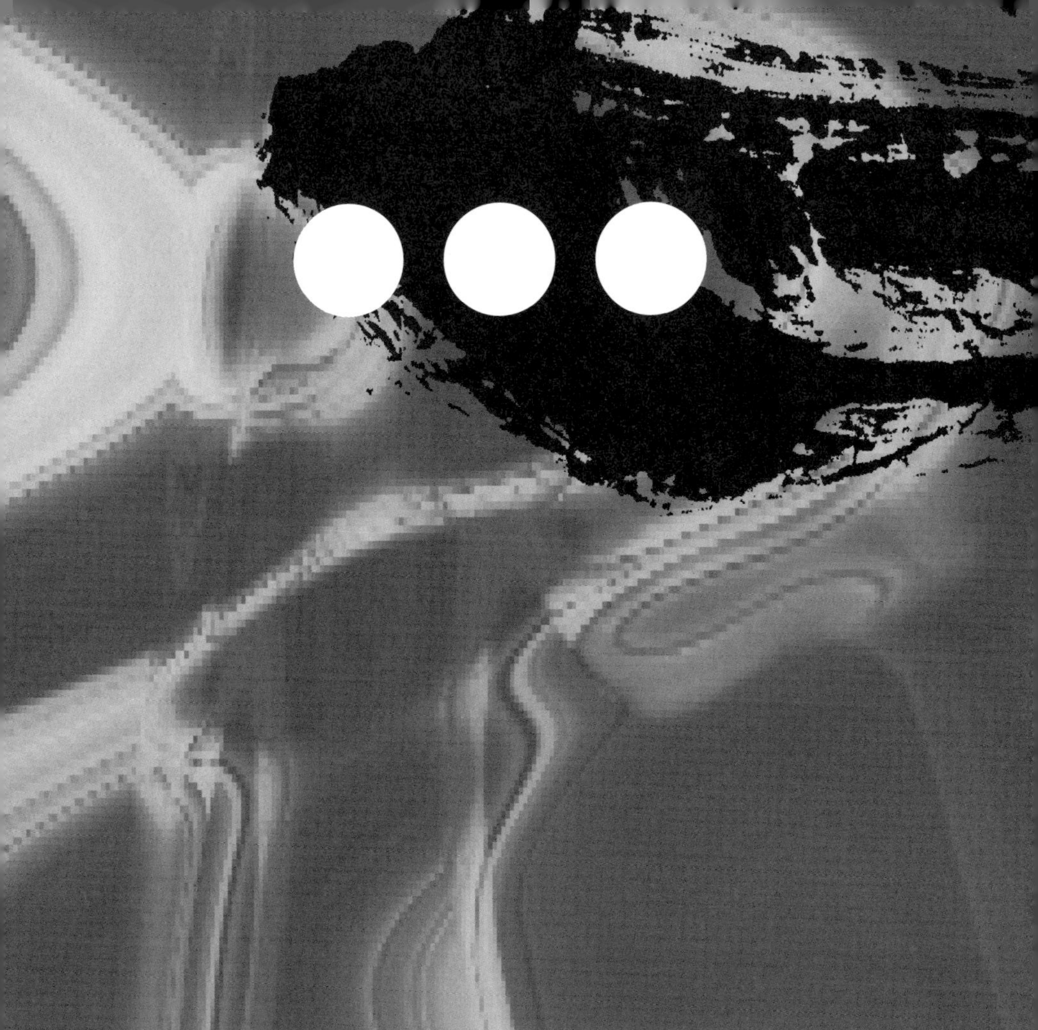

La circolarità del tempo, l'azzeramento temporale del concetto di antichità permette di concepire un progetto fuori moda in partenza. Le città hanno lo stesso genere di tempo delle montagne.

The circularity of time, in reducing the concept of antiquity to temporal zero, permits one to conceive a project that is out of fashion from the start. Cities have the same kind of time as mountains.

Al di là degli stili e delle forme la città è un'anima uniforme che vive dentro alla materia di un territorio, una sintesi caleidoscopica del frazionato corpo dei suoi abitanti.

Beyond its styles and forms, the city is a uniform soul which lives within the body of a territory, a kaleidoscopic synthesis of the fragmented body of its inhabitants.

APPUNTI DI UN VIAGGIATORE NON AUTORIZZATO ENTRATO ABUSIVAMENTE NELLA CITTÀ LA NOTTE DEL GIORNO 12 DICEMBRE 1996

Stefano Benni

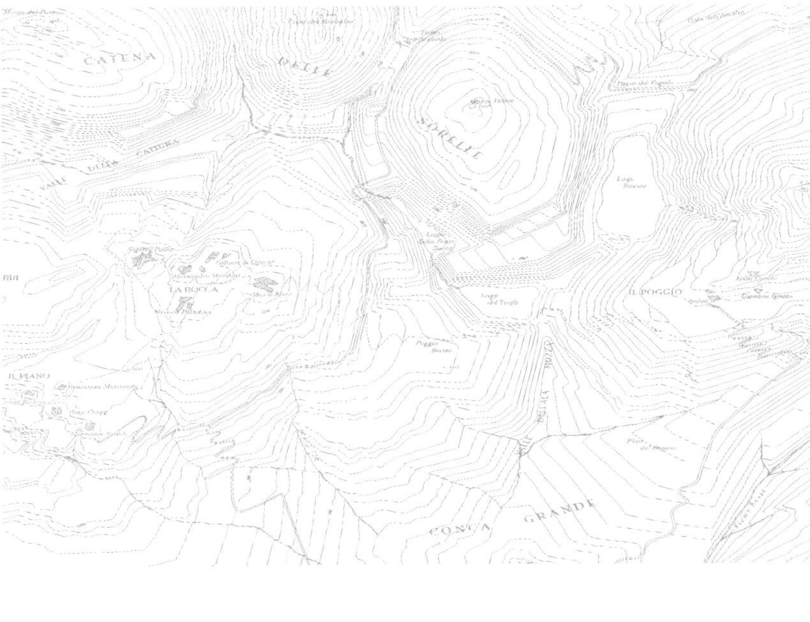

Ma la città
con cui hai diviso
il freddo mai più
la potrai dimenticare

Ho notato, nelle strade di questa città, dei fenomeni che potrei chiamare bufere mesticali, o cromocrisi. Sono penombre improvvise, pennellate, di luce di provenienza misteriosa, oppure essudazioni luminose e incandescenze che alterano i colori della materia.

Ho visto, ad esempio, una parete d'edera divenire bianca, come se tutta la linfa fosse succhiata via all'istante, e subito dopo riaccendersi di un giallo accecante. Un gatto grigio, sotto i miei occhi, ha spiccato un balzo lungo, la cui traiettoria ha indossato tutte le sfumature dall'azzurro al blu profondo, mentre un secondo balzo lo ha trasformato in un diavoletto color carminio. Anche la sua ombra mutava colore, dividendosi in tratti e arabeschi.

Nelle vie della città irrompono talvolta nubi basse e dense, quasi colloidali, che cambiano colore ai muri e ai marciapiedi.

Ogni gesto che si fa dentro queste nuvole lascia una traccia netta, dimodoché ci si può rendere conto, dopo un po' di tempo, di quanti gesti utili e inutili si sono fatti. Così i gesti diventano sempre più pesanti, fino quasi a desiderare l'immortalità.

Le luci che provengono dall'interno delle case, la notte, sono struggenti: hanno riflessi di lampada a olio, fiamma di camino e piccola candela.

Anche se non ho mai visto apparire alle finestre un'ombra o un volto, ho desiderato ardentemente entrare in quell'intimità. Ma le case non hanno campanelli, né battenti alle porte.

Credo che in questa città esista una polizia, perché mi sento continuamente spiato. Odo sospiri di disapprovazione, grugniti, parole accennate. È come se volessero intervenire, ma qualcosa glielo impedisse. Non riescono a manifestarsi, né ad abitare questo paesaggio.

Guardano astiosi, da qualche fessura, o bunker sotterraneo. La mia sensazione è che non abbiano altro compito se non sopravvivere.

Tutti gli oggetti di questa città hanno la capacità di volare. Le rocce e i sassi, ad esempio, si spostano lentamente con rumore simile alla risacca marina. Gli alberi si trasferiscono allungandosi e stirandosi, oppure spiccano goffi balzi da gallinacei, seminando frutti e foglie. I muri delle case ruotano con grande lentezza, le tegole si spostano a sciami da tetto a tetto, i comignoli si arrampicano sul loro fumo come su un sentiero.

Solo gli uccelli restano immobili a terra, in file di centinaia, con espressione imbambolata, come se cercassero di ricordarsi qualcosa.

Osservando attentamente cantine e macerie, ho scoperto l'incredibile talento dei ragni cittadini. La varietà delle loro ragnatele è miracolosa. Alcune ragnatele sono sghembe, sospese tra due alberi, volano come aquiloni, ti passano beffarde sopra la testa, si dividono e si riuniscono in combinazioni aeree. Ci sono ragni velenosi e barbuti che tessono grandi ragnatele viscose, complesse come mandala tibetani. Altre ragnatele sono fatte a calice, a elica, a conchiglia. Altre consistono in un solo filo che termina in una firma astratta. La più bella che ho visto, era sospesa sopra una sorgente. Il ragno vi lavorava con febbrile insoddisfazione. Da pentagonale, la stava trasformando in circolare, e al centro aveva ricamato un volto di donna. Una mosca rimase impigliata nella ragnatela. Con infinita pazienza, il ragno la districò e la liberò, riprendendo subito il suo lavoro.

Le stagioni ruotavano in modo singolare. Sono entrato in un bosco, sulla cima di Monte delle Sorelle, e in fondo al sentiero vedevo degli abeti coperti di neve. Ma sotto i miei piedi, il sottobosco era fiorito. Una foglia rossa autunnale mi è volata incontro, come ad invitarmi a visitare il suo albero. Sopra di me, frinivano le cicale. I loro gusci cadevano su un muschio appena nato, e già coperto di brina.

Ho cercato invano alberghi, ristoranti, osterie. Non so di cosa si nutrano gli abitanti di questa città. Ci sono bidoni per la spazzatura rigonfi di bottiglie, gusci d'uova, cartacce, lattine di birra e ossa di dimensioni mostruose, quasi dinosauri spolpati.

A intervalli regolari un gigantesco camion, un tank blindato senza vetri né feritoie, carica questi bidoni, ma non per vuotarli. Col suo braccio meccanico, apre le porte delle abitazioni, e li ributta dentro, con grande fragore. Ho camminato a lungo, stanco e affamato. Come una dolce tortura, verso sera si diffonde nell'aria una sinfonia di odori di cucina: pesce fritto, castagne arrosto, cacciagione. Ad essi si mescola un odore pungente di trementina. E a mezzanotte tutta la città è invasa da un odore di pane caldo appena sfornato, così intenso che, aspirandolo, sono svenuto più volte.

Esistono la notte e il giorno. Ma se ho ben capito, non dipendono dallo scorrere del tempo, ma dalla percezione spaziale. Mi sono spesso trovato in questa strana situazione: se guardavo davanti a me era giorno pieno, ma appena voltavo il capo mi trovavo in una notte stellata. Inclinando la testa da un lato potevo scorgere l'alba, mentre dall'altro il sole stava tramontando. Sarebbe bello poter controllare questi mutamenti, e adeguarli al proprio stato d'animo, ma non è facile. Basta un lieve movimento e tutto cambia e si confonde. Mi accadeva di camminare nell'azzurro di un cielo mattutino, chinare la testa un attimo, e subito piombare in un buio nebbioso e umido, dove inciampavo e cadevo per poi rialzarmi intontito, in un sole accecante.

L'unico disegno che ho incontrato, graffito sulla parete di una grotta, è quello di una strana Annunciazione. L'Arcangelo Gabriele, incantato, sta davanti al tavolo di San Giuseppe, dove sono allineati piccoli giocattoli e burattini di legno. Il falegname sorride e continua a lavorare. La Madonna legge e non si è accorta di niente.

L'edificio più strano che ho visto è un totem gigantesco, almeno sessanta metri, incrostato di cristalli rugginosi e sedimenti corallini. Sembra vissuto per secoli in fondo a qualche oceano. Ha una porta, misteriosamente sospesa a metà della struttura, ma nessuna scala, e alcuni oblò vicino alla sommità. Ho cercato di arrampicarmi, ma invano. Da dentro venivano musica, risate e rumore di brindisi. Improvvisamente il gigantesco edificio ha iniziato a rimpicciolirsi ed è diventato minuscolo nelle mie mani. Quando ho cercato di metterlo in tasca, si è sbriciolato in granelli colorati. Da lontano, ho visto altre due costruzioni analoghe. Una era alta più di duecento metri e ondeggiava al vento. L'altra era tozza, una vera fortezza, e dall'interno, attraverso alcune crepe, balenava il riverbero di un incendio.

L'unica creatura umana che ho intravisto, potrei chiamarla il Seminatore d'Uova. È tutto vestito di nero, con un cappello di paglia e un enorme mantello di piume cangianti. Con un sacco in spalla, si arrampica agilmente sui davanzali delle finestre, sugli alberi, sulle rupi, e deposita uova di diverso colore, forma e misura. È rapidissimo e può spiccare balzi incredibili, durante i quali usa il mantello come una superficie alare.

Nei nidi le uova iniziano subito a incrinarsi, a rompersi, e ne nascono prodigi. Alcuni esplodono con getti di colore viola, arancione e azzurro, autentiche cascate che sommergono l'incauto che si trovi a passar sotto.

Altre generano fiori mostruosi, dai calici dentati, che emettono grida rauche, come se si insultassero, per passare l'istante dopo a filastrocche infantili, o canoni complessi.

Da altre uova ho visto sprizzare scintille, fulmini, scariche elettriche che incendiano alberi e anneriscono rupi. Da altre rotolano oggetti disparati che si combinano insieme con lentissime coreografie, quasi a comporre una natura morta. Da altre infine si sprigionano minuscole creature nere e frenetiche, che passano davanti in fila indiana e fanno venire in mente la calligrafia di un vecchio. Un gigantesco uovo rossiccio, che cercai di aprire, resistette a lungo. Poi si ruppe sotto i miei occhi e ne uscì una lettera, il cui contenuto è così toccante che preferisco mantenere il segreto.

L'altra notte (se di notte si trattava) ho sentito che c'era qualcuno, vicino al mio giaciglio improvvisato, in cima a un albero. Erano due voci: una parlava di medicine necessarie a non so quale malattia, di una fatica in cui erano impegnate le sue residue forze di vecchio, di un quadro che si era rovinato durante la spedizione. L'altra voce, fredda e autoritaria, ammoniva la prima. "Vi occupate troppo di superfici immobili" diceva, "e non fate altro che uno studio imperfetto della superficie aerea. L'aria, l'elasticità, le forze fisiche, sono altra cosa, e vi sfuggiranno sempre. E così vi consumate e crepate, ciechi, affamati, malati. Ma fuori da questa, ci sono città che l'arte non ha contaminato. Dove i fiori non navigano sull'acqua, ma hanno un prezzo, un senso, un uso, un linguaggio, un mestiere. Il mio salotto ne è pieno, e profuma tutto il giorno". Non ho sentito il resto della conversazione.

Finalmente ho trovato un albergo. Manifesti di tauromachie, vasi di rose. In una bacheca una lettera per i signori Kerouac e Cassidy. Una riproduzione in miniatura del letto di Van Gogh. Depliant turistici. Poi il risveglio. Una guida muta, un arcangelo con grandi ali araldiche, mi guidava verso l'uscita della città. L'orario di visita era terminato, il catalogo era in vendita, non c'erano scioperi del personale, le strade erano bagnate dalla pioggia di un giorno, o di un mese, o del tempo che era passato senza che ce ne accorgessimo.

Notes of an unauthorized traveller who illegally entered the city on the night of December 12, 1996

Stefano Benni

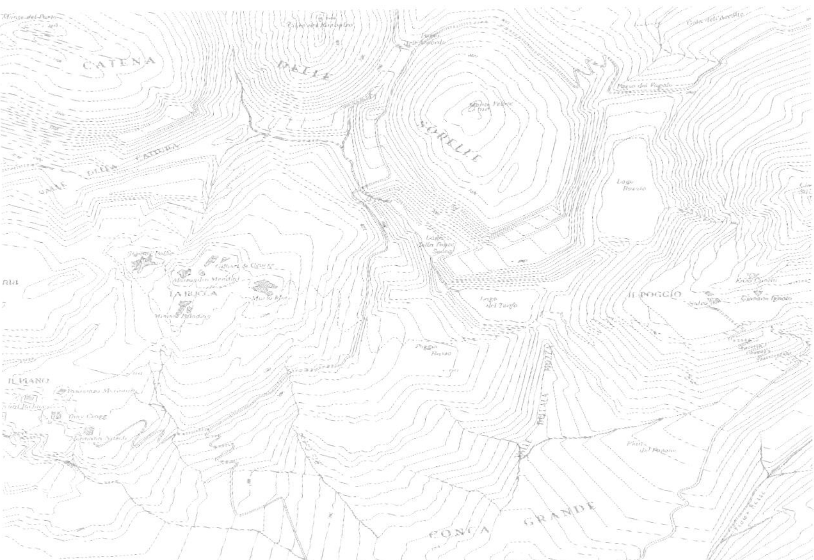

But the city
whose cold you have shared
you shall never forget

I have noticed, in this city's streets, certain phenomena that I might call primer-storms, or colour-crises. They are sudden penumbras, brushstrokes of light of mysterious provenance, luminous exudations, incandescences that transform the colours of things.

I have seen, for example, a wall of ivy turn white, as if all its sap had been sucked away at that moment, only to light up again in blinding yellow the next moment. A grey cat once leapt up before my eyes, taking on every shade from azure to deep blue in its trajectory, while a second leap transformed it into a crimson imp. Even its shadow changed color, breaking up into streaks and arabesques.

At times, along the city's streets, low, dense, almost colloidal clouds suddenly appear, changing the colors of the walls and sidewalks. Every gesture made within these clouds leaves a distinct trace, so that after a while one becomes aware of how many gestures, both useful and useless, have been made. Gestures thus become heavier and heavier, until they almost wish for immortality.

The lights shining inside the houses, at night, are heart-rending: they have a glow of oil-lamps, fire-places, candles. Even though I have never seen a shadow or face appear at the window, I have longed to enter that intimacy. But the houses have no doorbells or knockers.

I think there must be a police force in this city, since I feel I am under constant surveillance. I hear sighs of disapproval, grunts, hints of words. It's as though the people would like to be present, but something is preventing them.

They are unable to show themselves, or to inhabit this landscape. They look on resentfully, through cracks, or from some underground bunker. My impression is that they put all their effort into surviving.

All objects in this city have the ability to fly. Rocks and stones, for example, shift slowly about with a sound similar to that of the sea's undertow.

Trees move by stretching out and extending themselves, or else by making awkward, bird-like hops, scattering fruit and leaves. The walls of the houses very slowly rotate, the tiles moving in swarms from roof to roof, the chimneys climbing up their own smoke as though along a path. Only the birds rest motionless on the ground, in rows of hundreds, looking bewildered, as if trying to remember something.

Carefully examining cellars and rubble, I have discovered the incredible talents of the city's spiders. The variety of their webs is a true wonder. Some of the webs are slanted, suspended between two trees; some fly like kites, pass teasingly over your head, break up and come back together in aerial combinations. There are poisonous, hairy spiders that spin big, slim webs as complex as Tibetan mandalas. Other webs are calyx-shaped, or take the form of spirals or sea-shells. Still others consist of a single thread that ends in an abstract signature. The most beautiful one I've seen was suspended over a spring. The spider was working feverishly, dissatisfied with its work. It was changing the web's shape from pentagonal to circular, and at the centre had woven a woman's face. A fly got caught in it. With infinite patience, the spider extricated it and freed it, and returned at once to work.

The seasons changed in a singular manner. Once I entered a wood, at the top of Sister's Mount, and at the end of the path I saw firtrees covered with snow. At my feet, however, the underbrush was in flower. A red autumn leaf fluttered toward me, as if inviting me to visit its tree. Over my head the cicadas sang.

Their shells were falling onto new moss which was already covered with frost.

I have looked in vain for hotels, restaurants, inns. I do not know what the inhabitants of this city live on. There are garbage bins bursting with bottles, eggshells, wastepaper, beer cans and monstrously huge bones, like unfleshed dinosaurs.

At regular intervals a gigantic truck, a tank without windows or embrasures, picks up these bins, but not to empty them out. With its mechanical arm, it opens up the doors of the homes and throws them inside with a terrible racket.

I have been walking a long time, and am tired and hungry. Like a sweet torture, in the evening a symphony of kitchen scents fills the air: fried fish, roast chestnuts, game meats. These combine with a smell of turpentine. And at midnight the town is invaded by the smell of hot bread just out of the oven, an aroma so intense that I fainted several times after breathing it.

Night and day exist here, but if I have understood correctly, they depend not on the passage of time, but on the perception of space. I have often found myself in the following strange situation: if I looked ahead of me, it was the middle of the day, but if I turned around, it was starry night. Bending my head in one direction, I could see the dawn, while in the other direction the sun was setting. It would be nice to be able to control these changes, and to adjust them to one's own mood; but it's not easy. One small move, and everything is transformed and confused. I might be walking under a bright blue sky of an early morning when, inclining my head momentarily, I plunge immediately into a foggy, humid darkness, where I stumble and fall only to get back up, dazed, in the light of a blinding sun.

The only drawing I have come across, scratched onto the wall of a cave, is of an odd Annunciation. The Archangel Gabriel stands spellbound in front of Saint Joseph's table, on which small wooden toys and puppets are lined up. The carpenter smiles and keeps working. The Virgin Mary is reading, not having noticed a thing.

The strangest building I saw was a huge totem pole at least sixty meters high, encrusted with rust-colored crystals and coral sedimentations. It seemed to have been lying for centuries at the bottom of some ocean. It had a door, strangely suspended halfway up the structure, but no stairs, and only a few portholes near the top. I tried to climb up, but to no avail. From inside came sounds of music, laughter, and tinkling glasses. All of asudden the gigantic edifice began to shrink until it became a tiny thing in my hand. When I tried to put it in my pocket, it crumbled into grains of color. In the distance I saw two other, similar constructions. One was more than two hundred meters high and was swaying in the wind. The other was squat, like a fortress, and from inside, through some cracks, flashed the flames of a great fire.

The only creature I glimpsed I call the Egg-Sower. He dresses all in black, with a straw hat and a great cape of iridescent feathers With a sack thrown over his shoulders, he climbs nimbly onto window-sills, trees and rocks, leaving behind eggs or varying color, form and size. He is very fast, and can make incredible leaps, during which he uses his cape like a wing.

In their nests the eggs begin immediately to crack and break, giving birth to prodigies. Some explode into color, purple, orange and blue, veritable cascades that submerge the unsuspecting passerby. Others sprout monstrous flowers with toothed calyces that emit raucous yells as though insulting one another, then break into childish nursery rhymes or complex chants.

I saw other eggs give off sparks, lightning, electrical charges that set trees afire and blacken cliff-faces. Out of others roll disparate objects that come together in lazy choreographies, as if to form a still life. From still others spring forth tiny, frantic black creatures that pass by in single file and make one think of an old man's handwriting. A gigantic reddish egg I tried to open resisted a long time before breaking open, revealing a letter whose content was so moving I prefer not to disclose it.

The other night (if indeed it was night) I heard someone near my improvised treetop bed. There were two voices: one spoke of medicines needed for I'm not sure what illness, of some effort for which the old speaker expended his remaining strength, of a painting that had been ruined during the expedition. The other voice, cold and authoritarian, admonished the first: "You people are too concerned with motionless surfaces," it said, "and all you accomplish is an imperfect study of the air's surface. Air, flexibility, physical strength, are something else entirely, which will al-

ways escape you. And so you just wear yourself out and die, in blindness, hunger and sickness. But away from here there are cities uncontaminated by art. Where flowers do not swim on water, but have a price, a meaning, a use, a language, a trade. My living room is full of them, and smells sweet all day long." I didn't hear the rest of the conversation.

A last I found a hotel. Posters of bullfights and vases of roses. In a display case, a letter for Messrs. Kerouac and Cassidy. A reproduction in miniature of Van Gogh's bed. Tourist brochures. Upon reawakening, a silent guide, an archangel with great, heraldic wings, lead me towards the city's exit.

Visiting hours were over, the catalogue was for sale, the personnel was not on strike, the streets were wet with the rain of a day, or a month, or the time that had passed without our noticing it.

Finito di stampare nel luglio del 1996
da Leva spa. Sesto San Giovanni (Italy)
per conto di Edizioni Charta s.r.l.